THE TEACHER'S AI ASSISTANT

AIGC–Enhanced Education and Teaching

教师的 AI助手

AIGC辅助教育与教学

刘晓猛 吴丙朕 向书晗
何雪冰 刘卫青
◎著

U0347895

机械工业出版社
CHINA MACHINE PRESS

图书在版编目（CIP）数据

教师的 AI 助手：AIGC 辅助教育与教学 / 刘晓猛等著 .
北京：机械工业出版社，2025. 4. -- ISBN 978-7-111
-77822-6

Ⅰ. G434

中国国家版本馆 CIP 数据核字第 2025WM3688 号

机械工业出版社（北京市百万庄大街 22 号　邮政编码 100037）
策划编辑：李梦娜　　　　　　　　责任编辑：李梦娜
责任校对：王小童　张雨霏　景　飞　责任印制：郜　敏
三河市国英印务有限公司印刷
2025 年 4 月第 1 版第 1 次印刷
170mm×230mm・11.75 印张・215 千字
标准书号：ISBN 978-7-111-77822-6
定价：69.00 元

电话服务　　　　　　　　　网络服务
客服电话：010-88361066　机 工 官 网：www.cmpbook.com
　　　　　010-88379833　机 工 官 博：weibo.com/cmp1952
　　　　　010-68326294　金 书 网：www.golden-book.com
封底无防伪标均为盗版　机工教育服务网：www.cmpedu.com

Preface 前　　言

　　我们正处在一个人工智能（AI）技术迅猛发展的时代，AI 正以惊人的速度改变着社会的方方面面。作为教育领域的探索者和实践者，我们肩负着责任，希望能将 AI 的独特价值和潜力呈现给更多的读者。AI 不仅给教育带来了新的可能性，还拓展了教学与学习的思维模式。本书的初衷是帮助教育工作者、学生以及技术爱好者深入了解 AI 在教育中的应用，共同把握这场技术革命的脉搏。

本书内容

　　本书分为两大部分：
- ❏ 理念与趋势：首先，从数字化技术的发展和其对教育的影响开始，剖析 AI 浪潮对知识与学习提出的全新要求；接着，探讨 AI 时代下人才需要具备的核心能力，包括批判性思维、创造性解决问题的能力、数字素养、人机协作能力、自主学习和终身学习能力；同时，分析 AI 时代教师职业发展的新方向，为教育工作者提供前瞻性的职业思考。
- ❏ 技术与应用：全面展示 AI 在教育中的具体应用场景和工具操作。从生成式 AI 的简介，到 AI 在教育中的各种具体应用，如智能教学材料生成、文档处理、绘图、思维导图制作，以及科研辅助，涵盖了丰富的 AI 教育工具。此外，本部分还介绍了 AI 在音视频处理、智能体等领域的创新应用，帮助读者理解和掌握 AI 技术的实际操作方法。

如何阅读本书

本书以实用和易懂为出发点，读者可根据兴趣灵活阅读。希望了解教育趋势的读者，可以优先阅读理念与趋势部分；而需要具体操作指南的读者，则可直接阅读技术与应用部分。此外，每章都配有丰富的案例和详细的步骤，使得内容具有较强的实用性，方便读者在实践中迅速掌握操作方法。

读者对象

本书是一本 AI 教育工具书，适合教育领域人士及学生家长阅读。

- 教师等教育工作者：帮助他们了解 AI 在教学中的应用前景，提升教学创新能力。
- 学生与家长：为其提供 AI 学习工具和应用方法，培养数字素养。
- 技术爱好者：帮助其理解 AI 在教育中的实践案例，拓宽他们对技术应用的认识。

特色与亮点

- 前沿性与实用性：紧跟 AI 教育发展前沿，精选最新的应用案例与操作指南。
- 跨学科性：涵盖语文、数学、英语、科学、艺术设计、音乐、历史、编程等多个学科，培养跨学科应用思维。
- 案例丰富：通过真实案例展示 AI 在教育中的实践效果，让读者更直观地理解技术应用。
- 操作性强：配有详细的操作步骤和指导，帮助读者快速上手并应用于实际教学。

本书不仅能为读者提供前沿的知识与实用的工具，还可成为读者探索 AIGC（人工智能生成内容）世界的助手与伙伴，助力学生和教师在数字时代得到更多收获。

刘晓猛

2024 年 9 月

Contents 目　　录

理念与趋势

本部分首先概述数字化技术的发展及其对教育教学形式的影响，特别强调 AI 大发展时代下对"知"与"识"的新要求；接着详细分析 AI 时代所需人才的关键能力，包括批判性思维、创造性解决问题的能力、数字素养、人机协作能力、自主学习与终身学习能力等，并探讨 AI 时代教师的职业要求和发展路径。

第 1 章 *Chapter 1*

数字化背景下的教育发展

在数字时代，以人工智能应用为代表的新型数字化技术，正在逐渐融入学校教育教学的各个领域，对教育认知、教育教学组织形式、教育角色、学习方式、教学评价等产生影响。

本章主要从以下几个方面阐述数字化背景下的教育发展：

☐ 数字化技术的发展概述。

☐ AI 技术对教育教学的影响。

☐ AI 时代的"知"与"识"。

1.1 数字化技术的发展概述

本节将简要介绍数字化技术的发展，以及 AI 与 AIGC 的概念及发展历程等。

1.1.1 数字化技术的发展

数字化技术是一种将模拟信号转换为数字信号，并用二进制代码进行表示、处理、存储和传输的技术。这种转换不仅提高了信息处理的效率，还大大增强了信息的可靠性和安全性。数字化技术的核心是计算机技术和信息技术，它们共同构成了现代社会的数字化基石。

数字化技术的发展历程可谓波澜壮阔，它深刻改变了人类社会的面貌，从计算机的出现，到互联网的蓬勃发展，再到人工智能的崛起，每一个关键时间节点都伴随着革命性技术或工具的出现。计算机的诞生是数字化技术的起点，20世纪中期，随着电子技术的飞速发展，第一代电子计算机应运而生，它们虽体积庞大、运算速度有限，却为后续的信息化革命奠定了基础。随后互联网的发展将世界连接在一起，20世纪90年代，互联网的普及使得信息的传递变得前所未有的迅速和广泛，搜索引擎、电子邮件、社交媒体等代表性应用的出现，极大地丰富了人们的日常生活，推动了全球化的进程。

进入21世纪，移动通信与人工智能成为数字化技术新的前沿，已经渗透到社会的各个角落，成为推动社会发展的重要力量。在个人消费领域，智能手机、电子商务、社交媒体等已经成为人们日常生活的重要组成部分。深度学习、自然语言处理、机器学习等技术的突破，使得人工智能在语音识别、图像识别、智能推荐等方面展现出强大的能力。智能家居、自动驾驶等应用的涌现，预示着人工智能将成为未来社会发展的关键驱动力。在企业和政府层面，数字化转型已经成为提升效率和竞争力的重要手段。在教育领域，数字化技术同样发挥着不可或缺的作用。从在线教育平台的崛起到智慧校园的建设，再到AI和AIGC技术在教育中的广泛应用，数字化技术正在深刻改变着教育的面貌。

展望未来，数字化技术将继续深入发展，人工智能与虚拟现实（增强现实）、云计算、大数据、物联网等新兴技术相互融合，共同推动社会的数字化转型，数字化技术将为人类创造更加美好的未来。

1.1.2 AI 与 AIGC 的概念及发展历程

人工智能是计算机科学的一个分支，也是数字化技术发展的最新阶段，它旨在研究、开发用于模拟、延伸和扩展人类智能的理论、方法、技术及应用系统，结合了数学、计算机科学、心理学等多学科的理论知识。

人工智能不只是模拟人类的行为或思维，更是一种通过算法和数据分析来解决问题、优化流程和辅助决策的科学，其核心在于使机器具备一定程度的感知、理解、推理、学习和决策等能力，实现人机交互，提高计算机的智能化水平。

1. 人工智能的发展历程

随着计算机技术的飞速发展、算法的不断优化、算力的大幅提升，AI逐渐从理论走向实践，并在多个领域取得了显著成果。如今，AI已经广泛应用于语音识别、图像识别、自然语言处理、机器翻译等领域，成为推动社会进步的重要力量。

　　AI 的发展历程可以追溯到 20 世纪 50 年代,"图灵测试"是其中一个重要里程碑,它作为评估机器是否具有智能的标准,奠定了 AI 的理论基础。当时的科学家们开始探索计算机是否能够像人一样思考和解决问题。人工智能发展历程如图 1-1 所示。

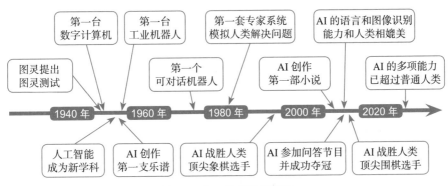

图 1-1　人工智能发展历程

（1）知识表示与推理

　　20 世纪 60 至 70 年代,专家系统成为 AI 的研究热点,这些系统通过存储大量的专业知识和经验来模拟专家的决策过程。IBM 的 Watson 医疗助手是一个著名的专家系统案例,该系统通过学习大量的医疗文献和病例数据,能够辅助医生进行疾病诊断和治疗方案制定。在实际应用中,Watson 已经成功辅助医生诊断出了多种复杂疾病,并提供了个性化的治疗建议。

（2）机器学习

　　20 世纪 80 至 90 年代,随着统计学习和神经网络等技术的兴起,机器学习逐渐成为 AI 的主流技术,使机器能够从数据中自动学习并改进其性能。典型应用场景有"图像识别与分类""自然语言处理"（NLP）等。相关案例展示了机器学习在各个领域中的应用潜力,例如:苹果的 Siri 和亚马逊的 Alexa 是自然语言处理的典型应用,这些智能助手能够理解并回答用户的问题,执行各种任务,如设置闹钟、查询天气、播放音乐等;通过分析用户的观影历史和偏好,Netflix 能够为用户提供个性化的电影和电视剧推荐,亚马逊也利用机器学习算法为用户提供个性化的商品推荐;Knewton 等教育技术公司使用机器学习来个性化设计学生的学习路径,通过分析学生的学习数据和表现,其系统能够提供定制化的学习资源和反馈。

（3）深度学习革命

21世纪10年代至今，随着算力的提升，深度神经网络和大规模数据集的结合使AI在图像识别、语音识别、自然语言处理、自动驾驶等领域取得了突破性进展。特斯拉的Autopilot和谷歌的Waymo都是自动驾驶技术的代表，这些系统利用机器学习算法识别道路标记、障碍物和其他车辆，以实现自动驾驶功能。科大讯飞的语音识别系统，采用深度学习技术，能够高效地将语音转化为文字，并支持多种语言和方言的识别，这一技术在智能家居、车载系统等领域广泛应用。谷歌的DeepMind团队开发了AlphaFold，这是一个利用机器学习算法预测蛋白质结构的系统。此外，还有多个研究团队正在利用机器学习技术进行疾病诊断和预后预测，例如，通过分析医学影像来检测肿瘤或其他异常。AlphaGo和AlphaStar等由DeepMind开发的AI系统，通过深度学习训练，分别在围棋和《星际争霸》等游戏中达到了人类顶级选手的水平。图1-2展示了人工智能的能力跃迁。

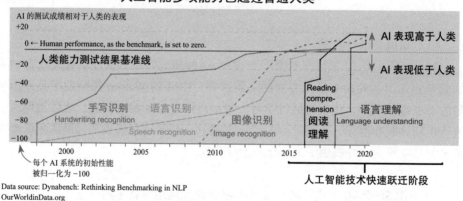

图1-2 人工智能的能力跃迁

2. AIGC的发展与教育应用展望

人工智能生成内容（Artificial Intelligence Generated Content，AIGC），是人工智能的一个重要分支和应用领域，它代表了人工智能技术在内容生成方面的能力，尤其是通过生成算法、预训练模型和多模态技术等手段自动生成文本、图像、音频、视频等多种类型的内容。

早期的AIGC主要集中于简单的文本生成，如基于模板的新闻报道或天气预报。深度学习技术的兴起为AIGC的发展奠定了基础，深度学习能够通过学习大量数据自动提取特征，GAN（生成对抗网络）、CLIP（对比语言图像预训练模型）、

Transformer 等技术的出现和融合，为 AIGC 提供了强大的技术支撑，使得机器能够更准确地理解和生成内容。

随着深度学习、大数据、云计算和边缘计算等技术的快速发展，以及预训练模型和多模态技术的突破，AI 开始能够生成更复杂、更自然的文本、图像、音频和视频内容。特别是以 GPT 系列为代表的大型语言模型的出现，使得 AIGC 在内容生成方面取得了显著进展，开始展现出强大的内容生成能力。

AIGC 的出现和发展，标志着人工智能应用从数据分析型向内容创造型的转变，极大地扩展了人工智能技术的应用范围。例如：在内容创作领域，ChatGPT、文心一言、讯飞星火等大模型广泛应用于创意写作，如自动生成文章、新闻报道、诗歌等文本内容；在图像处理领域，Midjourney、DALL·E 等模型能够根据文字描述生成对应的图像内容，可以用于广告设计、艺术创作，自动生成插画、图像等；在视频处理领域，Sora 是一个由 OpenAI 发布的模型，其出色的视频生成效果引起了广泛关注，它最长能生成时长 1min 的视频，并且生成的角色表情逼真，还能实现多角度镜头切换与流畅分镜，展现真实的光影、运动和镜头移动效果，并且 Sora 在游戏、电影预告片制作、虚拟角色制作等领域也展现出巨大的潜力。

总的来说，AIGC 是人工智能技术在内容生成方面的重要应用和发展方向。随着技术的不断进步和应用场景的拓展，它大大提高了内容生产的效率，已成为数字时代的重要组成部分，必将为内容创作和传播的方式带来变革，而这种变革势必会影响教育领域。如图 1-3 所示，人工智能可以提供精准与个性化的学习支持。

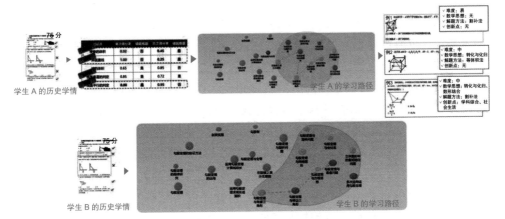

图 1-3　人工智能提供精准与个性化的学习支持

在教育领域，AI 和 AIGC 为个性化教育提供了可能。通过对学生的学习数据进行分析和挖掘，教师可以更加精准地了解每个学生的学习需求和学习进度，AI 可以提供定制化的学习资源和路径、实时的学习支持和反馈，从而提供个性化的教学辅导，使学习变得更加高效和便捷，实现真正的因材施教。AIGC 技术可以创建虚拟的教师和学习环境，为学生提供内容更丰富、互动性更强的学习体验。AI 和 AIGC 技术可以更高效地生成和优化教育资源，如教案、课件和教学视频、虚拟情境等，大大减轻教师的工作负担，实现教育资源共享和高效利用。

随着 AI 和 AIGC 技术的不断发展，数字化技术将与教育深度融合，为教育事业的发展注入新的活力和动力，有望为未来的教育事业带来革命性的变化和提升。

1.2 AI 技术对教育教学的影响

教育数字化的历史进程开始于数据化，发力于网络化，加速于智能化。

经济合作与发展组织（OECD）教育研究与创新中心副主任斯蒂芬·文森特－朗科瑞在《2023 年数字教育展望：迈向高效数字教育生态系统》报告中表示，线下学习向远程学习的转变并不等同于教育数字化转型。教育数字化转型意味着对某些教育过程进行根本性变革，即不仅将技术作为一种工具，还将其作为一种重塑教学方法、学习过程和整个教育生态系统的方式，使教育更加有效。目前，数字技术融入教育往往是对传统方法的复制，而不是革新。

教育部部长怀进鹏在 2024 年十四届全国人大二次会议答记者问时表示，对教育系统来说，人工智能是把"金钥匙"，它不仅影响未来的教育，也影响教育的未来，这里有机遇也有挑战，而要想更好地抓住机遇、应对挑战，就必须积极拥抱科技与产业的变革，主动拥抱智能时代。

本节将对比 AI 时代来临前后的教师角色、课程设置、个性化教育与学习以及教育评价等方面，探讨 AI 技术对教育教学的影响。

1.2.1 AI 时代的教师角色

以 ChatGPT、Gemini、文心一言、讯飞星火为代表的人工智能大模型迅猛发展，凭借强大的自然语言处理能力，它们能够完成问题解答、内容创作（文字、图像、音视频等）、代码生成等复杂任务，对人类的知识获取方式、信息生成方式等产生深刻影响。

在 AI 时代前，教师在教育教学中主要扮演知识传授者的角色，教师负责讲解教材内容，解答学生疑问，并通过布置作业和考试来评估学生的学习成果。教师是课堂的主导者，学生大部分时间处于被动接收知识的状态。AI 时代教师与智能教学平台的交互如图 1-4 所示。

图 1-4　AI 时代教师与智能教学平台的交互

随着 AI 技术在教育上的应用，教师的角色势必发生显著变化——他们不再仅是知识的传授者，而是逐渐转变为学生学习过程中的引导者、促进者和合作者。

❏ 引导者：在 AI 时代，教师可以利用智能教学平台和教学资源，引导学生主动探索知识，发现问题并解决问题。教师不再直接告诉学生答案，而是教会他们如何寻找答案，培养学生的自主学习能力和批判性思维。

❏ 促进者：AI 技术为学生提供了丰富的学习资源和个性化的学习路径，教师可以根据学生的学习情况和需求，为他们推荐合适的学习资源和活动，促进学生的全面发展。

❏ 合作者：在 AI 时代，教师与学生的关系更加平等、开放，教师可以与学生一起参与项目式学习、探究性学习等活动，共同研究问题、分享成果。这种合作式的学习方式，有助于培养学生的团队协作能力和创新能力。

1.2.2　AI 时代的课程设置

AI 时代前的课程设置相对固定和单一，学校按照既定的课程体系和教学大纲进行教学安排，课程内容以单一的学科知识为主，缺乏跨学科的知识融合和实践。

如图 1-5 所示，AI 时代的课程将更加数字化。随着 AI 技术在教育上的应用，STEM 教育[⊖]、工程教育、编程教育等方法将更加容易实施，课程设置逐渐呈现出跨学科融合、实践性和创新性的特点。

❑ 跨学科融合：在 AI 时代，课程设置更加注重不同学科之间的融合与交叉。学校通过开设综合性课程、推动项目式学习等方式，将不同学科的知识和技能进行整合，培养学生的综合素养。

❑ 实践性：AI 时代的课程设置更加注重学生的实践能力和问题解决能力的培养。学校通过增加实验课程、实践项目等方式，让学生在实践中学习和掌握知识，提高他们的动手能力。

❑ 创新性：在 AI 时代，课程设置更加注重培养学生的创新意识和创新能力。学校通过开设创新课程、开展创业实践活动等方式，激发学生的创新思维和创业精神，增强他们的创新能力和竞争力。

图 1-5　AI 时代的课程更加数字化

1.2.3　AI 时代的个性化教育与学习

AI 时代前的个性化教育主要依赖于教师的经验判断。教师根据学生的表现和需求进行个别辅导或分层教学，但受限于时间和精力等因素，难以实现真正的个

⊖ STEM 教育是一种跨学科的教育方法，它将科学（Science）、技术（Technology）、工程（Engineering）和数学（Mathematics）4 个领域的知识整合在一起，鼓励学生在这些领域内进行探索和创新。STEM 教育的目标是培养学生的批判性思维、问题解决能力、创造力和团队合作精神，以适应快速变化的全球经济和技术环境。

性化教育。

随着 AI 技术在教育上的应用，个性化教育得到了更好的实现和发展。AI 能够分析学生的学习数据和行为模式，精准地了解每个学生的学习需求和学习风格，从而为他们提供个性化的学习资源和路径。这种个性化的学习方式能够激发学生的学习兴趣和动力，提高他们的学习效果。而这些效果是使用以往的数字技术手段所无法达到的。基于学习数据和行为模式分析的 AI 时代课程如图 1-6 所示。

图 1-6 基于学习数据和行为模式分析的 AI 时代课程

AI 在个性化教育与学习方面的应用包括但不限于以下几个方面。

❑ 自适应学习平台——基于 AI 技术的个性化学习工具。它能够根据学生的学习进度和能力水平，为他们推荐合适的学习资源和练习题目。通过持续的学习和数据反馈，自适应学习平台能够不断调整学习内容和难度，以满足学生的个性化需求。这种个性化的学习方式能够让学生更有针对性地解决自己的学习问题，提高学习效率。例如，现有的教育科技公司的智能阅卷系统可以根据学生的作业评测结果，给出个性化且具有针对性的指导意见，如图 1-7 所示。

❑ 智能辅导系统——基于 AI 技术的个性化辅导工具。它能够针对学生的学习问题和难点，提供及时的辅导和反馈。与传统的辅导方式相比，智能辅导系统能够更加精准地定位学生的学习问题，并提供针对性的辅导材料和练习题目。这种个性化的辅导方式能够帮助学生更加有效地解决自己的学习问题，提高学习成绩。

图 1-7 基于 AI 技术的智能阅卷系统

1.2.4 AI 时代的教育评价

AI 时代前的教育评价主要以考试成绩为主。学校通过定期的考试和测验来评估学生的学习成果与教师的教学效果。这种评价方式相对单一且片面，难以全面反映学生的真实水平和发展潜力。

随着 AI 技术在教育上的应用，教育评价逐渐呈现过程化和多元化的特点，如图 1-8 所示。

图 1-8 AI 时代的评价更加过程化、多元化

- ❏ 过程化评价：AI 技术能够通过学习分析等技术手段，实时跟踪和记录学生的学习过程和学习表现。这种评价方式能够更加客观地反映学生的真实水平和发展潜力，为教师提供更加准确的教学决策依据。
- ❏ 多元化评价：在 AI 时代，教育评价不再仅依赖于考试成绩。学校通过作品展示、项目汇报、团队合作等多种方式对学生的综合能力进行评价。这种多元评价方式能够更加全面地反映学生的综合素质和能力水平，促进学生的全面发展和个性化发展。

AI 的大范围应用必将对教育教学形式产生深远影响，这些变革为教育教学带来了新的机遇和挑战，需要我们不断探索和创新以适应时代的发展需求。在未来的教育教学中，我们应该充分学习、利用数字化技术，尤其是 AI 的优势，为学生提供更加优质、个性化的教育服务。

1.3 AI 时代的"知"与"识"

在 AI 迅猛发展的时代背景下，我们对于"知"与"识"的理解正经历着前所未有的变革。传统意义上的知识及知识观都将在 AI 技术的冲击下被重新塑造。

1.3.1 AI 技术对知识与知识观的影响

在 AI 技术尚未兴起的时代，知识通常被理解为人类通过学习和实践所获得的对世界的认识与经验总结。这些知识以书籍、文献、口传心授等方式传承和发展，构成了人类社会文明的基础。人们对知识的观念也主要建立在个体学习和记忆的基础之上，知识的获取往往需要长时间的积累和沉淀。在这个阶段，教育体系的主要任务是传授知识，即通过教学、考试等方式将前人的经验和智慧传递给下一代。知识的学习过程强调记忆、理解和应用，而知识的创新和发展则主要依赖于学者的研究和实践者的探索。

在 AI 时代，传统的"知"与"识"的概念已经难以完全涵盖新时代的知识体系。AI 技术不仅提高了知识获取和创新的效率，还促进了人们对知识本质和价值的新思考。AI 改变学习者的"知"与"识"，如图 1-9 所示。

图 1-9 AI 改变学习者的"知"与"识"

（1）AI 时代的"知"

AI 时代，"知"不再仅局限于人类通过学习和经验积累所获得的知识和信息，它还表现为一种基于大数据、算法和机器学习的智能化认知过程。这种认知过程不仅包含了人类的知识和智慧，还融合了机器的学习和推理能力，形成了一种全新的、更加高效和准确的知识获取方式。AI 时代的"知"还包含通过先进的信息技术和智能化手段，对海量数据进行挖掘、分析、整合和提炼，从而获得的深刻洞察和精准预测。这种"知"不仅能够帮助我们更好地理解世界，还能够指导我们的决策和行动，推动社会、经济和文化的进步。

（2）AI时代的"识"

与"知"相对应，"识"在AI时代也有了新的内涵。传统的"识"主要强调个体的主观认知和理解，但在AI时代，"识"还表现为一种基于共享知识、协同创新和智能交互的群体智慧。AI时代的"识"包含：在智能化网络环境中，个体与机器、个体与个体之间通过共享知识、协同工作和智能交互所形成的集体智慧和创新能力。这种"识"不仅超越了个体的局限，还能够汇聚群体的力量，推动知识的创新和发展。

（3）AI时代"知"与"识"的关系

在AI时代，"知"与"识"相互依存、相互促进。一方面，"知"为"识"提供了基础和支持。通过智能化的认知过程，我们可以更加高效、准确地获取和处理知识，为"识"的形成和发展提供有力保障。另一方面，"识"又反过来促进了"知"的深化和拓展。通过群体智慧和协同创新，我们可以不断发现新知识、创造新价值，推动"知"的不断进步和发展。

（4）AI时代知识的特征和知识观

随着AI技术的快速发展，尤其是机器学习、深度学习等领域的突破，知识的特征和知识观也将发生显著变化。

AI时代，知识表现出以下几种新特征。

❑ 知识获取的便捷性：AI技术使得知识的获取变得前所未有的便捷。通过搜索引擎、智能推荐系统等工具，人们可以迅速找到所需的信息和资源。此外，自然语言处理技术的进步也使得人与机器之间的交流更加自然和高效，进一步提升了知识获取的效率。

❑ 知识结构的重塑：在AI时代，知识不再是线性、层次分明的结构，而是呈现出网状、互联互通的特征。通过链接分析、语义网络等技术，我们可以揭示知识之间复杂的关联和互动关系，从而形成更加全面和深入的理解。

❑ 知识创新的加速：AI技术为知识创新提供了新的动力。机器学习算法可以在大量数据中发现新的规律和模式，为科学研究提供新的思路和方法。同时，自动化和智能化的生产工具也大大降低了创新的门槛和成本，使得更多人能够参与到知识创新的过程中来。

在AI技术的影响下，人们对知识的观念也在发生变化。知识不再被视为静态的、孤立的实体，而是被视为动态的、互联的过程。知识的价值不再仅在于本身的正确性或实用性，更在于其激发思考、引导创新的能力。同时，随着 AI 技术在商业、教育、医疗等领域的广泛应用，人们对于知识、能力与智慧的新关系，也会有更加深入的认识和思考，进而改变知识观和行为价值体系。

1.3.2　知识与知识观变革的意义和挑战

AI 时代下的知识与知识观变革，对于人类社会、经济和文化将产生深远的影响。首先，它们改变了知识的获取、处理和应用方式，提高了知识的生产效率和传播速度。其次，它们促进了不同领域之间的交叉融合和创新发展，推动了新产业、新业态的涌现。最后，它们也对我们的思维方式、价值观念和生活方式产生了深刻的影响，推动了人类文明的进步和发展。

然而，这一变革也带来了一系列的挑战和问题。

首先，随着知识的快速增长和更新，如何有效地筛选、整合和应用知识成为一个重要的问题。在信息过载的时代背景下，我们需要更加智能和高效的方法来管理与利用知识资源。

其次，AI 技术的广泛应用对教育领域提出了新的要求。传统的教育方式和内容需要与时俱进地进行改革创新，以适应新时代下人才培养的需求。这包括教育理念的更新、教学方法的改进以及教育资源的优化配置等方面。如图 1-10 所示，AI 时代的教育理念、教育方法需要同步革新。

图 1-10　AI 时代的教育理念、教育方法需要同步革新

此外，随着机器智能在某些领域逐渐超越人类智能，我们也需要重新思考机器与人类在知识创新和社会发展中的角色与定位。这涉及伦理、法律和社会责任

等多个层面的问题，需要我们共同探索和解决。

　　AI技术对"知"与"识"产生了深远影响。它不仅改变了我们获取、整合和应用知识的方式与效率，也促使我们对知识的本质和价值进行新的思考和认识。在未来的发展中，我们在积极推动AI应用的同时，还需要更加积极地应对知识与知识观变革带来的挑战和问题。我们也期待能在AI技术的助力下，创造出更加丰富多彩、充满智慧与创造力的知识世界，以推动人类文明不断进步和发展。

Chapter 2　第 2 章

AI 与教师

随着 AI 对教育教学形式的变革，"知"与"识"发生了改变，时代对人才提出了更高的要求。为了应对这些挑战，我们必须重新审视教育体系，着重培养学生的各项关键能力，以满足未来社会对人才的需求。

通过理论与实践相结合，以及多元化的教育模式，我们能够培养出真正适应 AI 时代需求的高素质人才。这不仅需要教育者的努力，更需要全社会的共同参与和支持。

本章主要涉及的内容：

❏ AI 时代的人才培养要素。

❏ AI 时代教师的职业要求。

❏ AI 时代教师的发展路径。

2.1　AI 时代的人才培养要素

随着人工智能技术的迅猛发展，AI 技术不仅改变了我们的生活方式，还对教育体系和人才的关键能力提出了新要求。

2.1.1　AI 时代对学生核心素养的新要求

在 AI 时代，学生所需的核心素养已经远远超出了传统的知识掌握范畴，除了基础学科知识的学习，学生更需要具备创新、批判性思维、团队协作等多方面的能力。这些能力的培养，旨在帮助学生更好地适应未来多变的社会环境，以及日新月异的技术发展。

首先，**数字素养**成为关键。在 AI 时代，信息爆炸使得筛选、整合有效数据成为一项重要技能。学生需要学会利用技术工具，高效地搜索、评估并应用数字化软件提升效率，以适应快节奏、高变化的社会环境。如图 2-1 所示，AI 时代学生的数字素养需不断提升。

图 2-1　AI 时代学生的数字素养

其次，**创新思维与问题解决能力**愈发重要。AI 技术虽然强大，但面对复杂多变的问题时，仍需人类发挥创造性思维，找到新的解决方案。因此，学生应具备独立思考、跨界融合的能力，以应对未知的挑战。

再者，**人机协作能力**需要大幅提升。在 AI 时代，跨学科、跨领域的合作日益频繁。学生需要学会在团队中发挥自己的专长，与他人有效沟通，共同完成任务，同时还需要提升人机协作能力，厘清人与机器的能力边界，并善于与机器合作，从而大幅提升工作效率与质量。

最后，**道德素养与社会责任感**的培养不容忽视。在使用 AI 技术时，学生应树立正确的道德观念，明确技术使用的界限，防止技术滥用和伦理冲突。

在培养学生的过程中，理论与实践相结合在 AI 时代显得尤为重要，学校应该提供多元化的学习环境，让学生在实践中学习，在学习中实践。例如，通过项目式学习，学生可以在实际操作中培养解决问题的能力，同时加深对知识的理解。

作为教育者，我们应积极调整教育策略，注重培养学生的信息素养、创新思维、团队协作能力以及道德素养，为他们在 AI 时代成长为全面发展的人才奠定坚实基础。

2.1.2 批判性思维与创造性解决问题的能力

在 AI 技术迅猛发展的今天，我们需要重新审视人才关键能力的培养，要具备创新思维就需要具备批判性思维和创造性解决问题的能力。

批判性思维是指对信息和观点进行深入分析、评估、推理和判断的能力。在 AI 时代，信息泛滥、真伪难辨，因此，培养学生的批判性思维至关重要。通过教育学生理性地分析信息，质疑和反思现有观点，我们能够培养出具有独立思考能力和判断力的人才。

同时，创造性解决问题的能力也同样重要。AI 技术虽然强大，但仍有许多问题需要人类发挥创新思维去解决。创造性解决问题不仅要求学生具备丰富的想象力和创新精神，还需要他们能够从多个角度思考问题，并灵活运用所学知识，提出新颖的解决方案。

在教育实践中，教师可以通过**设计具有挑战性的问题**，激发学生的创新思维和批判性思维，同时鼓励学生多角度、多层次地思考问题，培养他们的思辨能力。为了培养学生的这两种能力，教育者需要调整教学方式，鼓励学生积极参与课堂讨论，提出自己的观点，并努力寻找问题的多种解决方案。同时，学校还可以开展各种实践活动，如创新项目、科研实验等，让学生在实践中锻炼批判性思维和创造性解决问题的能力。

总之，批判性思维和创造性解决问题的能力是 AI 时代人才的关键能力。教育者应注重理论与实践的结合，积极探索新的教育方法，为培养出适应新时代需求的高素质人才贡献力量。

2.1.3 数字素养：信息筛选、评估与利用

随着 AI 技术的日益发展，数字素养已成为 AI 时代不可或缺的关键能力。数字素养不仅仅局限于简单的技术操作，更包括对数字信息的筛选、评估与高效利用。

在信息的海洋中准确、快速地筛选出有价值的信息，成为现代人才的必备技能。这不仅需要熟练的搜索技巧，更需要敏锐的信息洞察力和判断力。评估信息的真实性、可靠性和时效性，也是数字素养的重要组成部分。在虚假信息泛滥的网络环境中，能够准确辨别信息的真伪，对于个人和社会都至关重要。

利用数字信息，将其转化为实际应用中的智慧，是数字素养的又一重要体现。这要求学生不仅能够理解信息，还能够将其与实际问题相结合，提出创新性的解决方案。

为了提升人才的数字素养，教育系统应积极调整课程内容，增加关于**信息技术和信息素养**的培训。同时，鼓励学生通过项目式学习，将理论知识应用于实践中，提高信息的筛选、评估和利用能力。此外，企业和社会也应提供相应的培训和实践机会，帮助学生不断提升数字素养，以适应 AI 时代的发展需求。在教育中，我们可以通过信息技术课程培养学生的数字素养，教会学生使用 AI 大模型、搜索引擎、数据库等工具获取信息，并教会他们评估信息。此外，学校还可以通过开展信息分析、数据挖掘等实践活动，提升学生的信息处理能力。

总之，数字素养是 AI 时代人才培养的关键能力。通过教育和实践的有机结合，我们能够培养出具备高数字素养的人才，为未来的社会进步和科技创新奠定坚实基础。

2.1.4　人机协作：沟通、团队合作以及与机器互动

在 AI 时代，人机协作将成为一种新常态。学生需要学会与智能机器进行有效沟通，理解机器的工作逻辑，在团队中发挥自己的作用，并与机器共同完成任务。这种跨物种的合作能力，将成为未来职场的重要技能。

在此背景下，沟通、团队合作以及与机器互动的能力显得尤为重要。

有效的沟通是人机协作的基石。学生需要掌握与机器对话的技巧，理解机器的逻辑和反馈方式，以确保信息准确传递。这要求我们在教育中加强对学生语言表达能力和倾听能力的培养，同时引入与机器对话的实践场景，让学生在真实环境中提升沟通技巧。

团队合作在现代社会是不可或缺的。在 AI 时代，学生需要学会在团队中与机器协同工作，发挥各自的优势。教育过程中，我们应注重培养学生的团队协作精神，通过小组项目、角色扮演等形式，让学生在合作中学会分工、协调与整合。

与机器的互动能力同样重要。学生需要了解机器的工作原理，掌握与机器交互的基本方法。为此，教育体系中应融入编程教育、机器人操作等课程，使学生从小就能与机器建立良好的互动关系。

AI 时代人机协作的新场景如图 2-2 所示。

综上所述，人机协作是 AI 时代人才必备的关键技能。为了培养学生的人机协作能力，学校可以引入**机器人教学、编程教育**等课程。通过这些课程，学生可以了解机器人的工作原理，学习如何与机器人进行交互和合作。同时，教师还可

以设计团队项目，让学生在实践中提升团队协作和沟通能力。为了培养这一能力，教育体系需不断创新，结合理论与实践，为学生提供更多与机器协作的机会，助力他们在未来的职场中脱颖而出。

图 2-2　AI 时代人机协作的新场景

2.1.5　自主学习与终身学习的重要性

在 AI 技术日新月异的今天，自主学习与终身学习的能力显得尤为重要。随着技术的迅速发展，知识更新的速度也在加快。为了不被时代所淘汰，每个人都必须具备持续学习和自我提升的能力。

自主学习不仅是获取知识的过程，更是一种对未知的探索和对自我能力的不断挑战。在 AI 时代，自主学习意味着主动寻找学习资源，独立分析问题，并寻求解决方案。这种能力不仅有助于个人职业发展，更是适应社会变革的必备素质。

终身学习则是一种态度，它强调学习是一个贯穿生命始终的过程。在 AI 技术不断发展的背景下，终身学习显得尤为重要。只有不断学习，才能跟上技术的步伐，才能在竞争中保持优势。

为了培养学生的自主学习和终身学习能力，教育者需要改变传统的教学模式，鼓励学生主动参与、积极探索。教师可以多采用**翻转课堂**[⊖]、**在线学习**等教学模式。这些模式可以让学生根据自己的节奏和兴趣进行学习，从而培养他们的

　⊖　翻转课堂（Flipped Classroom）是一种颠覆传统课堂的教育模式。在翻转课堂中，学生在课前通过观看视频、阅读材料或完成在线任务等方式自主学习新知识，而课堂时间则用于讨论、解决问题、进行项目合作和深入探究。

学习主动性和自我管理能力。同时，教师还需要为学生提供丰富的学习资源和指导，帮助他们建立自主学习的习惯和能力。学校还可以开设职业规划课程，帮助学生了解未来职场的需求，激发他们终身学习的动力。

总的来说，自主学习与终身学习是 AI 时代人才必备的关键能力。只有具备了这两种能力，个人才能在不断变化的社会环境中立足，才能在 AI 时代走得更远。

2.1.6 厘清技术使用的责任与界限

在高度依赖技术的社会中，道德和伦理问题愈发凸显。学生需要明确技术使用的道德和伦理界限，承担起应有的社会责任，这包括对隐私的尊重、对技术的合理利用以及对潜在风险的防范等。

AI 技术是一把双刃剑，既能带来便利，也可能带来风险。因此，培养人才在 AI 应用中的道德和伦理意识至关重要。我们必须帮助新一代人才明确技术使用的道德底线，使他们理解技术不应侵犯隐私、伤害他人或违背社会公序良俗。

在实践中，我们需要引导学生思考问题：在使用 AI 技术时，如何平衡技术创新与道德责任？如何确保技术应用的公正性，避免偏见和歧视？

这些问题不仅是理论探讨，更需要在实际操作中不断反思和践行。教育者应通过案例分析、角色扮演等多种形式，让学生在模拟场景中体验和理解 AI 技术使用的伦理问题。同时，学校还可以开展科技伦理课程，帮助学生建立正确的科技价值观和社会责任感。通过这种方式，学生可以更直观地学到如何厘清技术使用的责任与界限，从而在未来的职业生涯中更好地运用 AI 技术，服务于社会，造福于人类。

综上所述，道德和伦理考量是 AI 时代不可或缺的关键能力。我们必须致力于培养具有高度道德自觉和伦理责任感的人才，以安全应对 AI 技术带来的挑战。

2.2 AI 时代教师的职业要求与发展路径

随着 AI 技术的飞速发展，教育领域正面临着前所未有的变革。在这场技术革命中，教师的角色、职责和职业发展路径也在悄然发生变化。本节将深入探讨 AI 时代下教师的职业要求，以及 AI 对教师职业发展路径的影响等，以期为新时代的教育事业提供有益的参考。

2.2.1 教师的职业要求

面对 AI 技术的冲击，教师职业也面临着前所未有的挑战和机遇。一方面，

AI 技术的广泛应用使得部分教学内容可以被机器替代，教师需要不断学习和掌握新的技术工具，以便更好地利用 AI 技术辅助教学，从而减轻工作负担；另一方面，AI 技术的发展也对教师的专业素养提出了新的要求，面对机器的竞争，教师需要不断更新自己的知识和技能，以适应新时代的教育需求。

AI 技术的发展正在深刻改变着教育领域。在教学方面，AI 技术可以通过智能教学系统提供个性化的学习路径和定制化的教育资源，从而实现因材施教。此外，AI 技术还可以辅助教师进行课堂管理，提高教学效率。在科研方面，AI 技术为教育研究提供了强大的数据分析工具，有助于教师更深入地了解学生的学习情况，从而优化教学方法和策略。但是，AI 技术的快速发展也可能给教师职业带来一些负面影响。首先，简单、重复的教学任务会被自动化取代，这会导致教师的工作内容发生变化，甚至面临职业转型的压力。其次，AI 能够提供大量数据和分析，影响教师的教学决策和方法，教师可能会过度依赖 AI 的建议，而忽视自身的教学经验和判断。此外，AI 虽然能模拟人类智能，但暂时还无法替代教师在培养学生道德、情感、创造力等方面的作用，若过度依赖 AI，可能导致教师与学生之间缺乏真正的沟通和互动，影响教育效果。因此，教师需要认识到 AI 技术的发展已逐渐对教师的职业能力提出了新要求，教师在保持专业性和个性的同时，要积极适应 AI 时代的教育变革。

AI 时代下的教师如图 2-3 所示。

图 2-3　AI 时代下的教师

在 AI 时代，教师的职业要求已经远超出传统的教学范畴。除了具备扎实的专业知识和教学技能外，教师还需要具备一系列关键能力来适应新时代的教育需求。

首先，技术能力是教师必备的基本素养。教师需要了解和掌握与AI技术相关的基本知识，能够熟练运用各种技术工具辅助教学。

其次，创新能力是教师职业发展的重要驱动力。除了关注学生的全面发展，培养学生的创新精神和实践能力外，教师自己也需要具备创新意识和创新思维，能够不断探索新的教学方法和策略，以提高教学质量。

最后，团队协作能力也是教师不可或缺的能力。在AI时代，教师需要与其他教师、技术人员以及学生家长等多方进行有效沟通与合作，共同促进学生的全面发展。

2.2.2 教师的发展路径

为了培养这些关键能力，教师可以通过以下途径寻求发展：

1）加强学习。通过积极参加各类专业培训和学习活动、阅读相关书籍和文章等方式，不断提高自己的专业素养和技术能力。

2）教师需要持续关注教育领域的最新动态和趋势，及时了解和掌握新的教学理念与方法。

3）勇于实践，探索新的教学方法和策略。教师可以结合自己的教学实践，尝试运用AI技术辅助教学，探索个性化、创新性的教学模式。

4）教师应加强与同行的交流与合作，共同研究和探索教育教学的创新之路，同时积极参与学术交流活动，分享自己的教学经验和成果。

面对AI技术带来的挑战与机遇，教师需要不断更新自己的知识和技能储备，以适应新时代的教育需求。同时，教育部门和学校也应该加大对教师的培训和支持力度，帮助他们更好地应对AI技术带来的变革。此外，我们还需要深入研究AI技术与教育教学的融合方式和方法论体系等关键问题，以期为未来的教育事业提供有益的参考和启示。

总之，AI时代下教师的职业要求已经发生了深刻变化。教师需要具备技术能力、创新能力和团队协作能力等关键能力来适应新时代的教育需求，同时我们也应该看到AI技术给教育领域带来的巨大机遇，积极探索和创新教育教学模式及方法论体系，以期为未来的教育事业注入新的活力和动力。只有这样我们才能培养出更多具有创新精神和实践能力的人才，为国家的发展和社会的进步做出更大的贡献！

第二部分 *Part 2*

技术与应用

本部分将详细介绍 AI 在教育领域的多种应用方式和具体工具。从生成式 AI 及其在教育中的魔力，到与 AI 交流的秘籍和案例分享；从神奇的教学材料生成器到 AI 在文档处理、绘画、思维导图制作、教育科研等方面的应用，再到 AI 在音视频处理、虚拟课堂、智能体等方面的创新应用，全面展示现阶段 AI 在教育领域的广泛应用和巨大潜力。

第 3 章 *Chapter 3*

神奇的 AI 魔盒

随着 AI 技术的迅速发展，我们正迎来一场前所未有的 AI 浪潮，它无声无息地影响着我们生活的每一个角落。在教育领域，这场浪潮更是如同潘多拉魔盒一般，既带来了前所未有的机遇，也伴随着挑战和变革。本章将探索 AI 在教育中的双刃剑效应，特别是对于教师群体的深远影响，同时强调只有深入理解并正确利用 AI，我们才能最大限度地发挥其积极作用，把握未来教育的发展方向。

本章主要涉及的知识点：

☐ 生成式 AI 的概述、发展历史及其对教育的正负面影响。

☐ AI 在教育中应用。

3.1 呼啸而来的 AI 浪潮

AI 浪潮已然袭来，没有任何人可以置身事外，对于普通人，我们能做的就是利用好它，乘风破浪。这一轮 AI 浪潮之中，最突出、最具代表性的 AI 技术便是生成式 AI，通过深入了解生成式 AI 的定义、发展历史以及 ChatGPT 的快速发展案例，我们可以更好地认识到这项技术的潜力和价值，以及它将如何继续影响和改变我们的世界。

3.1.1 生成式 AI 概述

生成式 AI（Generative AI）是 AI 技术领域的一大突破，指的是能够创建或生成新内容的人工智能系统。与传统的分析式 AI 不同，生成式 AI 不仅能理解和分析数据，还能基于学习到的信息创造出全新的文本、图片、音乐等内容。这种能力使得生成式 AI 成为人工智能研究和应用的前沿领域。

1. 生成式 AI 的发展历史

生成式 AI 的诞生普遍认为可以追溯到 1932 年，法国工程师 Georges Artsrouni 创造了一种被他称为"机械大脑"的装置（后被巴黎工艺美术博物馆收购），该装置可以理解成使用纸带的自动双语词典。"机械大脑"照片如图 3-1 所示。

FIG. 1. — Deuxième machine

图 3-1 "机械大脑"照片

现代的生成式 AI 技术的根基在于深度学习和神经网络，其发展历史可以追溯到 2014 年，当时 Ian J. Goodfellow 和他的同事们首次提出了生成对抗网络（GAN）的概念。此后，随着深度学习技术的进步，生成式 AI 在多个领域取得了显著成就，包括但不限于艺术创作、音乐制作、游戏开发、药物发现等。

GAN 由两部分组成：生成器（Generator）和判别器（Discriminator）。生成器的任务是产生尽可能接近真实数据的假数据，而判别器的任务则是区分生成的数据和真实数据。通过这种对抗过程，生成器学习如何产生越来越逼真的数据。直到现在，主流的 AI 换脸技术，特别是那些能够以高度逼真的方式生成图像的技术，大多基于生成对抗网络。如图 3-2 所示，这是一种典型的 GAN 结构示意图，用于生成手写字。

随后，人们又发明了多种结构的生成式 AI。以目前讨论较多的 OpenAI 的 ChatGPT（Generative Pre-trained Transformer）为例，它主要依靠 Transformer（变换器）架构（由谷歌在 2017 年公布）实现。这种架构是一种深度学习模型，用于处理序列化的数据，如文本，非常适合用于理解和生成自然语言。

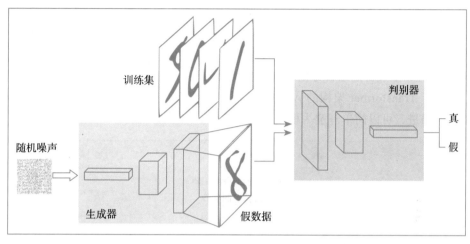

图 3-2　一种典型的 GAN 结构

　　GPT 和 ChatGPT 专注于理解和生成文本内容。它们通过大量文本数据的预训练，学会语言模式、句法结构和知识信息，从而生成连贯、相关且多样化的文本回复。这种方法使得 ChatGPT 能够在多种应用中表现出色，如聊天机器人、文本生成、内容创作辅助等。由 Transformer 架构发展而来的各种 AI 系谱图如图 3-3 所示。

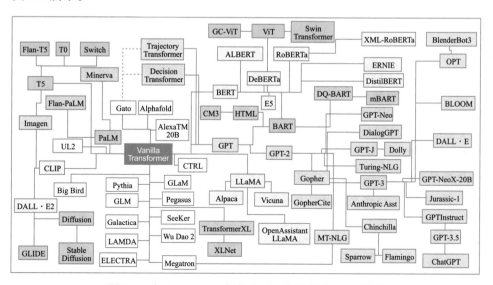

图 3-3　由 Transformer 架构发展而来的各种 AI 系谱图

2. ChatGPT 的快速发展

如前所述，ChatGPT 由 OpenAI 开发，是生成式 AI 技术的一个杰出代表。它是一个基于大规模语言模型（如 GPT-3 和 GPT-4）的聊天机器人，能够理解和生成人类语言，提供流畅且具有逻辑性的对话体验。ChatGPT 的开发标志着生成式 AI 在理解和生成自然语言方面取得了重大突破。

基于 Transformer 架构的 AI 的神经网络参数量如图 3-4 所示。它展示了 GPT 参数的演进，可以简单理解为模型能力的提升。

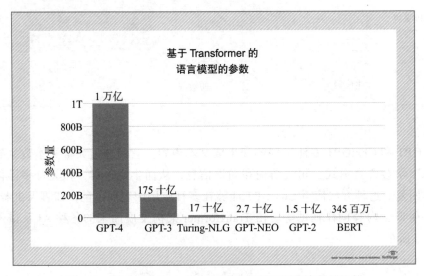

图 3-4 基于 Transformer 架构的 AI 的神经网络参数量比较

一般来说，参数越多的 AI 越智能，短短 3 年多的时间，模型的参数量从 15 亿增长到 10 000 亿，ChatGPT 的发展历程体现了生成式 AI 技术的快速进步。早期版本的 ChatGPT 侧重于基本的文本生成，而随着技术的迭代和优化，最新版本的 ChatGPT 不仅能够提供高质量的对话体验，还能进行复杂的逻辑推理、情感分析，甚至是编程和创作诗歌等。此外，ChatGPT 的能力还包括理解和适应不同的对话场景，以及根据上下文生成相关且连贯的回复。

ChatGPT 的快速发展得益于以下几个方面。

❑ 大数据训练：ChatGPT 基于互联网上海量的文本数据训练而成，这些数据涵盖了广泛的主题和领域，使得 ChatGPT 能够理解和生成多样化的内容。

❑ 算法优化：通过不断优化模型结构和训练算法，OpenAI 提高了 ChatGPT 的学习效率和内容生成质量，使其能够更准确地理解用户意图并提供更自然的回复。

❑ 多样化的应用场景：ChatGPT 被设计为能够适应不同的应用场景，从而拓宽了其应用范围。无论是在教育、医疗、娱乐还是客户服务等领域，ChatGPT 都展现出了广泛的应用潜力。

❑ 人机交互体验：ChatGPT 提供了一种全新的人机交互方式，使用户能够通过自然语言与机器进行交流，大大提升了用户体验。

生成式 AI 的发展潜力巨大，尤其是在提高工作效率、促进创新，以及提供个性化服务等方面。ChatGPT 的成功不仅展示了生成式 AI 的强大能力，也为未来 AI 技术的发展方向提供了重要的参考。

3.1.2 生成式 AI 对教育的影响

生成式 AI 对教育领域产生了深远的影响，既带来了创新和机遇，也引发了挑战和争议。

1. 正面影响

（1）个性化学习

对于学生而言，生成式 AI 能够根据学生的学习速度、知识水平和兴趣定制个性化的学习路径和材料。这种个性化定制可以提高学习效率，帮助学生更好地掌握知识，尤其是在复杂和抽象的主题上。

（2）提升教学资源

教师可以利用生成式 AI 生成教学内容、练习题和教案，大大节省准备课程的时间。此外，AI 还可以给学生提供即时反馈，帮助教师监控学生的学习进度，从而更有效地指导学生。

（3）拓展学习资源和环境

生成式 AI 使得学习不再局限于传统课堂。学生可以通过聊天机器人等交互式工具随时随地进行学习，拓宽了学习的时间和空间界限，使教育更加灵活。如图 3-5 所示，香港浸会大学于 2023 年 7 月 13 日在校内系统公布了有关生成式 AI 工具的使用指引。香港浸会大学也是较早积极拥抱生成式 AI 工具的大学。从 2023 年开始，新加坡大学也允许学生使用 AI 工具完成作业，以提升教学效果与鼓励学生接纳新技术。越来越多的大学甚至中小学，都在积极探索使用 AI 拓展学习资源。

（4）促进创新思维和技能发展

通过与 AI 工具互动，学生不仅可以学习现有的知识，还可以激发创新思维，学习如何利用这些工具解决问题，这对于培养 AI 时代所需的人才至关重要。

香 港 浸 會 大 學
HONG KONG BAPTIST UNIVERSITY

Dear Colleagues and Students,

Re: Principles for the Use of Generative AI Tools in Teaching and Learning, and Assessment

I hope you are having a good summer.

As generative AI tools have created significant impact on higher education in the past few months, the e-Learning Committee established the Generative AI Tools Task Force in March 2023 to develop principles, guidelines, and policies for the use of generative AI tools in the University.

After rounds of discussion and consultation sessions with students and colleagues, the *"Principles for the Use of Generative AI Tools in Teaching and Learning, and Assessment"* ("*Principles*") was approved by the Senate at its meeting on 29 June 2023 for implementation in AY2023/24.

You may access the *Principles* on BUniPort (U-Wide Policies & Info -> Policies & Guidelines -> Quality Assurance, Teaching & Learning).

The *Principles* guides us to use generative AI tools for better learning outcomes. Faculties/Schools and Departments will also develop discipline-based use of generative AI in teaching and learning activities and assessment tasks. I invite you to read this important document.

If you have any questions on the *Principles* and suggestions for the use of generative AI, please send them to vptl@hkbu.edu.hk.

Thank you very much and have a fruitful summer.

Albert Chau
Vice-President (Teaching and Learning)

13 July 2023

图 3-5 香港浸会大学在校内系统公布有关生成式 AI 工具的使用指引

2. 负面影响

（1）学术不诚实和抄袭

生成式 AI 的文本生成能力可能助长学术不诚实和抄袭行为，这一点从它诞生之初就一直被人所诟病。学生可能依赖 AI 来完成作业和项目，而不是自己进行研究和思考，这会损害学习过程和学术诚信。

（2）教育不平等

尽管生成式 AI 有潜力提高教育质量，但其普及和使用可能加剧教育资源的不平等。那些能够负担得起这些技术的学校和学生可能会获得更多的优势，而资源较少的学校和学生则可能落后。

（3）技能和知识的深度

过度依赖 AI 工具可能导致学生在某些基础技能，如写作和批判性思维方面的能力下降。如果学生习惯于接受 AI 生成的答案而不进行深入思考，他们可能会失去解决问题的能力和创造性思维。

（4）偏见和歧视

AI 算法是由人类设计的，因此它们可能会受到人类偏见和歧视的影响。如果数据集本身存在偏见或歧视，那么 AI 算法将无法避免地出现这些问题。早在 2022 年 12 月，清华大学交叉信息研究院助理教授于洋就带领团队做了一个 AI 模型性别歧视水平评估项目，测试的 AI 模型包括 GPT-2（ChatGPT 的前身）。测试结果发现，GPT-2 有 70.59% 的概率将教师预测为男性，将医生预测为男性的概率则是 64.03%。2024 年初大火的 Meta 图像生成器也出现这样的问题，当输入"Asian man with Caucasian friend"（亚洲男性和白人朋友）或"Asian woman and white friend"（亚洲女性和白人朋友）时，生成的大多数图像仍是两个亚洲人形象，如图 3-6 所示。

图 3-6　Meta 图像生成器生成的"亚洲女性和白人朋友"的图片（图片来源：机器之心）

3.2　教师的"新朋友"：AI 在教育中的魔力

AI 在教育领域的应用已经不是未来的预言，而是当前的现实。不论是新流行的生成式 AI，还是持续发展的分析式 AI，这些 AI 技术都在迅速融入并改变着人们的日常生活。AI 技术也正在逐渐成为教育工作者、学生和家长的新朋友，以其独特的魔力改变着教育的面貌。下面，我们将探索 AI 在教育中的各种应用，展示它是如何成为教育改革和创新的强大推动力的。

3.2.1　AI 对教师的支持

1. 生成教案和课程内容

AI 可以帮助教师自动化生成教案和课程内容，包括课文、习题以及参考资料等。利用自然语言处理和机器学习技术，AI 能够根据教师的要求和学生的学习水平，定制化地生成教学材料，从而节省教师准备课程的时间，让他们能够将更多精力投入教学方法的创新和学生互动中。

2. 生成评语

通过分析学生的作业、测试成绩和行为表现，AI 能够生成个性化的评语和反馈。这不仅提高了评价的效率，还能够提供更加细致和具体的建议，帮助学生了解自己的优点和需要改进的地方。

3. 辅助科研

利用生成式 AI 技术生成代码，辅助数据分析和模式识别，这给普通教师进行科研工作提供了巨大的帮助。生成式 AI 可以生成相关的数据分析代码，并且教会教师如何使用代码，帮助不太会使用代码分析数据的普通教师发现研究中的趋势和模式，加速科研进程，并提高研究的准确性和深度。

4. 生成 PPT 和图像

AI 不仅能够生成文本内容，还能够创建视觉材料，如 PPT 和与课程内容相关的图像。这些工具能够根据教师的指令自动生成高质量的视觉辅助材料，使课堂更加生动有趣，提高学生的学习兴趣和效率。

3.2.2　AI 对学生的支持

1. 个性化学习路径

AI 能够根据学生的学习进度、能力和偏好，提供个性化的学习路径和资源。这种个性化的学习方法有助于学生在自己的节奏下学习，弥补知识空缺，提高理解和应用能力。

2. 即时反馈和辅导

AI 辅导系统能够提供即时反馈，解答学生在学习过程中遇到的问题。这种即时反馈机制对于保持学生的学习动力和及时纠正错误非常重要。如图 3-7 所示，AI 在中学理化生实验教学中的应用，极大地降低了教师的工作强度，而且可以做到实时纠正错误、考完立即评分，提高教学效果。

3. 提高语言学习效率

对于学习外语的学生来说，AI 驱动的语言学习应用可以提供发音指导、语法练习和实时对话等功能。这些工具能够帮助学生更快地掌握语言技能，并提高语言学习的效率。

图 3-7　AI 在中学理化生实验教学中的应用

3.2.3　AI 对家长的支持

1. 监控学习进度

AI 系统能够帮助家长监控学生的学习进度和表现，通过数据分析提供关于学生学习状况的报告。这使得家长能够及时了解学生的学习情况，从而与教师合作更好地支持学生的教育。比如不少学校引入的自动改作业系统，投入试卷后，教师、家长可以迅速得到学生的作业情况、知识点掌握情况等数据，家长无须持续监督学生写作业，也能知道学生写作业时是否用心、上课时是否认真听讲。

2. 分配家庭教育资源

AI 技术还可以向家长提供教育资源和建议，帮助他们在家庭教育中更有效地支持学生。这包括如何与学生进行有效沟通、如何激发学生的学习兴趣以及如何处理学习中遇到的问题等方面的指导。生成式 AI 由于在训练中可能"看过"大量与家庭教育相关的语言文字类资料，所以积累了不少家庭教育"知识"，家长在碰到家庭教育问题时，询问 AI 不失为一个省钱省力的方式。

比如我们向 ChatGPT 提问：

你是一名家庭教育专家，请你对我的困境给出建议：自从我的小儿子出生后，我的大儿子在学校经常调皮捣蛋遭到老师投诉，请问我该如何让大儿子在学校听话一点？做得好给你 10 美元小费。

ChatGPT 的回答：

您好，感谢您的信任。您目前的困境在有新生儿的家庭中非常常见。大儿子可能因为小儿子的出生感到被冷落，或者对家庭角色的变化感到不安，这可能导致他在学校的行为问题。

以下是一些建议，希望能对您有所帮助：

☐ 给予大儿子更多的关注和陪伴：每天抽出专门的时间与大儿子相处，参与他喜欢的活动，让他感受到您的关爱没有减少。

☐ 鼓励情感表达：引导他表达自己的感受，倾听他的心声，了解他内心的想法，帮助他处理负面情绪。

☐ 积极强化正面行为：当他表现良好时，及时给予表扬和鼓励，强化他的自信心和正面行为。

☐ 让他参与照顾弟弟：适当让他参与照顾小儿子的简单任务，使他感受到自己在家庭中的重要性和责任。

☐ 建立清晰的规则和一致的管教方式：让他明确知道哪些行为是不可接受的，并在管教时保持一致性，避免过度惩罚。

☐ 与老师保持沟通：与学校老师定期交流，了解他在学校的具体表现，共同制定帮助他的策略。

☐ 关注他的社交关系：鼓励他与同龄朋友交往，培养良好的社交技能，减少在学校的行为问题。

☐ 寻求专业帮助：如果情况没有改善，考虑咨询儿童心理专家，获取专业指导。

每个孩子都是独特的，耐心和持续的关注是关键。希望这些建议能够帮助您和您的大儿子渡过这个过渡期。

这个回答可以说是非常专业的，生成式 AI 成功识别到这是一种常见现象，而在笔者的教育生涯中，这种现象确实常见，解决方案也确实是更加关注年长的孩子，让年长的孩子照顾幼小的孩子，让年长的孩子感受到家庭责任。

第 4 章 Chapter 4

与 AI "聊天" 的艺术

在 AI 浪潮之中，AI 模型正在悄无声息且迅速地融入我们的生活，仿佛一个安静的助理默默跟随在每个人身边。许多人都有这样的感受，虽然知道 AI 的存在，但经常感觉到无法与之交流，也无法最大限度地发挥其作用。在本章中，我们将探讨与 AI 交流的独特艺术，特别是与大规模语言模型（如 ChatGPT）的互动。首先，我们将定义什么是大模型，并解释它们如何在现代技术生态中发挥作用。随后，我们将详细讨论与这些高级 AI 系统有效沟通的技巧，包括如何提出问题、解释复杂的概念以及如何从 AI 的回答中获得最大的价值。

本章主要涉及的知识点：

☐ 通用大模型与垂直小模型概述。

☐ 与大模型交流的方法以及案例。

4.1 智能 "大脑"：探索 AI 模型的力量

AI 大模型，在 2023 年这个普通却又神奇的年份里，反复冲刷着大家的认知，仿佛一谈到 AI 模型，就只有大模型。那究竟什么是大模型？大模型有什么能力？又是否有小模型呢？这些问题，将在下面进行介绍。

4.1.1 通用大模型与垂直小模型

大模型到底是什么？对此，我们可能会看到很多的答案。简单按照功能来看，大模型具有更强大的功能，可以更好地完成各种各样的任务。大模型通常较为复杂，可处理更多复杂的信息，拥有优秀的语义理解、自然语言处理、图像识别等能力，ChatGPT、文心一言等就是大模型。

以 OpenAI 的首个重要产品 GPT-1 为例，其参数数量为 1.17 亿。而到了 GPT-2，参数数量飙升至 15 亿，GPT-3 则达到了惊人的 1750 亿参数。庞大的参数量使得这些大型模型不再局限于处理单一或有限的任务，而是具备了更广泛的应用范围。

小模型相对于大模型来说，功能较为单一，专注于执行特定的任务。小模型通常具有更高的计算效率和较快的响应速度，比如后面会提到的自动做课件 PPT 的 AI、生成思维导图的 AI。

想象一下，AI 模型就像是一位厨师在厨房里施展技艺。AI 小模型，如同初出茅庐的学徒，仅能掌握基础的食材搭配，比如面粉和糖的简单混合。而 AI 大模型则如同经验丰富的大厨，不仅能够巧妙地运用面粉、糖、奶油、牛奶、发酵粉、可可粉等多样化的食材，还能精准地控制烘焙的时间和温度。由于 AI 大模型能够处理更多的变量，自然能够更精确地复现那些令人垂涎欲滴的美食。并且随着可调控的参数不断增加，这些 AI 大厨不仅能够完美再现传统佳肴，甚至能够创新地开发出全新的食品种类，引领烹饪艺术进入一个全新的领域。

在大模型和小模型之间，我们需要根据实际应用场景选择合适的模型。有的时候，"不是大模型用不起，而是小模型更有性价比"。对于一些复杂的自然语言任务，如文本生成、文本分类等，大模型具有明显优势，可以更好地处理复杂的语言结构和语义信息。而对于一些简单的自然语言理解任务，如命名实体识别等，小模型可以更快地完成任务，且具有较低的成本。

如图 4-1 所示，在 Ignite2023 上，微软董事长兼首席执行官 Nadella 在主题演讲中就推出了基于微软云计算 Azure 的 MaaS 服务，紧接着便直言微软喜欢小模型（SLM）。也许有一天小模型也会越来越强，我们日常生活中碰到的问题，直接使用手机上运行的小模型就足够解决了。

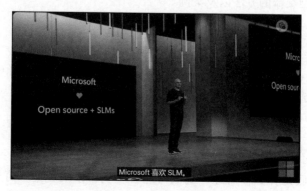

图 4-1　微软发布会

4.1.2 教育场景中大小模型的碰撞

下面用一个实际的案例来进行对比。为了公平和方便，我们以 Mistral AI 开发的两款模型 Mistral-7B 和 Mixtral-8x7B 为例，平台是 HuggingChat（https://huggingface.co/chat/）。这里的 B 代表参数量的大小，可以简单类比成这个 AI 模型的 "大脑" 里有多少 "神经元"，7B 代表有 70 亿个，8x7B 则是 560 亿个。它们看起来很多，但比起 GPT-3 的 1750 亿还差得远，更别说 GPT-4，据说其有超过 1.5 万亿个参数。OpenAI 团队一直对 GPT-4 的真实参数量守口如瓶，就连 GPT-4 的官方技术报告也没有透露任何信息，而其对手谷歌在 2021 年 1 月发布的 Switch Transformer 就把 AI 大模型的参数量拉高到了 1.6 万亿。

给出同样的问题，我们让两个模型以 "教师人工智能" 开头，写出 "6 行，每行 7 个字" 的中文藏头诗。下面是两个模型回答的对比。

Mistral-7B：

教師人工智能深受欢迎，
人工智能教學方法甜，
智能講義清晰易記，
教師機器人無所失，
科技化 classroom 更高效，
人工智能教師梦想成真，

Mixtral-8x7B：

教师带领技术未来，
力争推动 AI 进步。
学生与机器并肩学，
知识树永续发芽。

不难看出，两者都没有成功完成该项复杂任务，Mistral-7B 还只能回复繁体中文，并且标点符号也不能正确使用，这可能与其为了减少参数量而精简了简体中文的能力有关。

而完成简单任务，二者的差别就不大了，这个时候相对小的模型可以做到更加节省计算机的性能，这种节约性能的优势甚至可以从回答的长短中直观看出。下面是让两个模型将中文 "我爱中国" 翻译成英文的例子。

Mistral-7B：

"I love China" translates into English as "I love China." In formal written

English, it could also be expressed as "I have great affection for China." or "China holds a special place in my heart."

Mixtral-8x7B：

The English translation of "我爱中国" is "I love China." This phrase conveys affection and admiration towards the country of China, including its culture, history, people, landscapes, and other unique aspects that make it special. By expressing this sentiment, one can show appreciation and respect for all things Chinese and connect with others who share similar feelings about this fascinating nation. Whether used in conversation, writing, or other forms of communication, "I love China" remains a powerful statement that resonates deeply with many individuals around the world.

在教育实践中，我们发现大模型通过微调或提示学习的方式获得了一定的专业能力，可以胜任多场景任务。例如：利用大模型应用，我们可以实现拍照解题、创建虚拟口语对话伙伴等，有助于师生互动，促进内容生成和交互方式创新。小模型则可以基于教育领域的专业数据进行专门训练，优化自身在特定的教育教学任务上的表现，降低偏见、错误等风险，尤其适用于计算资源有限的场景。

未来，随着技术进步和成本降低，大模型和小模型可能会在教育领域并存，各自在不同的应用场景中发挥其优势。

4.2 聪明的对话：与大模型交流的秘籍

ChatGPT 可以在各种场景下提供协助，但是 ChatGPT 的回答可能不总是准确的，有时会提供错误或过时的信息。如果只想让 AI 给出答案，那么你不需要额外做什么，只需要输入文字即可。但如果你想要得到满意的答案、精确的答案，就需要学习提问技术，也就是所谓的提示工程（Prompt Engineering），它通过设计和改进提示词来提高 AI 的表现。

本节将为读者提供一份详细的指南，包括提问技巧和改进与优化交流的方法，帮助读者更好地利用以 ChatGPT 为代表的大语言模型。

4.2.1 大模型交流的常用规则

以 ChatGPT 为例，ChatGPT 比较擅长回答与基本事实相关的问题，比如"什么是牛顿第三定律"。但它不太擅长回答意见类的问题，比如，对于"谁是世界第一足球运动员"的问题，它就会开始"瞎说"了。

本节我们将讲解与 AI 大模型进行交流的一般规则，以克里斯普（CRISPE）框架为基础，介绍常用的与大模型交流的技巧。

1. CRISPE 框架

关于如何写提示词，全球有很多专家进行过探索，但在笔者个人的长期实践中，Matt Nigh 的 CRISPE 框架（https://github.com/mattnigh/ChatGPT3-Free-Prompt-List）的完备性比较高，比较适用于编写提示词（prompt）模板。对 CRISPE 框架的解释见表 4-1。

表 4-1　CRISPE 框架解释表

缩写	英文	含义
CR	Capacity and Role（能力与角色）	你希望 ChatGPT 扮演怎样的角色，拥有什么样的能力
I	Insight（洞察力）	背景信息和上下文（笔者认为用 Context 来表示更好）
S	Statement（指令）	你希望 ChatGPT 做什么
P	Personality（个性）	你希望 ChatGPT 以什么风格、方式、格式回答你
E	Experiment（尝试）	要求 ChatGPT 为你提供多个答案

当然，读者在写提示词的时候，并不一定要包含上述所有的 5 个元素，而是可以根据自己的需求删减，也无须严格按照 CR-I-S-P-E 的顺序来组织提示词内容。但以笔者的经验来看，提示词应该尽量包含角色、背景、指令。使用 CRISPE 框架的样例见表 4-2。

表 4-2　使用 CRISPE 框架的样例

步骤	例子
Capacity and Role	你现在是一名中国初中信息科技教师，擅长以幽默生动、贴近生活的例子讲解复杂的概念
Insight	现在需要你设计一节课讲解当今世界主流的几种人工智能技术，以及它们的应用领域，比如人脸识别技术会用在游戏防沉迷系统和手机解锁中
Statement	请你给我一节人工智能科普课程的教案
Personality	请注意课程的受众群体是初中生，课程要设计得贴近初中生的生活，生动有趣
Experiment	请给我写两篇教案，做得好给你 10 美元小费

将所有的元素都组合在一起，就得到了下面的提示词。对比常见的基础提示词，使用 CRISPE 框架式提示词后，ChatGPT 的生成结果会非常不一样。

CRISPE 框架式提问：

你现在是一名中国初中信息科技教师，擅长以幽默生动、贴近生活的例子讲解复杂的概念。现在需要你设计一节课讲解当今世界主流的几种人工智能技术，以及它们的应用领域，比如人脸识别技术会用在游戏防沉迷系统和手机解锁中。请你给我一节人工智能科普课程的教案。请注意课程的受众群体是初中生，课程要设计得贴近初中生的生活，生动有趣。请给我写一篇教案，做得好给你 10 美元小费。

ChatGPT 的回答：

与 AI 同行的一天
课程目标
1. 理解人工智能在日常生活中的广泛应用。
2. 激发学生对科技和人工智能的兴趣。
3. 引导学生思考人工智能的伦理和社会影响。

课程内容
引入（5 分钟）
☐ 故事开场："设想一下，从早晨醒来到晚上睡觉，你的一天中有哪些地方用到了人工智能呢？让我们来一探究竟。"

一天中的人工智能（20 分钟）
☐ 早晨：智能闹钟分析你的睡眠模式唤醒你，"这是不是感觉比妈妈叫你起床还温柔？"
☐ 上学途中：介绍智能交通系统如何减少拥堵，"想象一下，如果没有它，我们可能要在路上多花很多时间。"
☐ 学校：智能教育软件帮助学习，"它知道你在哪里遇到了困难，并给出专门的帮助。"
☐ 放学后：通过游戏防沉迷系统了解人脸识别技术，"它怎么知道你玩游戏玩太久了呢？"
☐ 晚上：家庭智能助手帮助你做作业和解决问题，"它就像是一个随时待命的超级图书馆。"

人工智能的影响（10 分钟）
☐ 利用具体案例讨论人工智能如何使生活变得更加便利，同时提出相关的伦理和社会问题。

创意工作坊（20 分钟）
☐ 学生设计自己的人工智能应用场景，画出草图，并想象这个技术将如何影响人们的生活。
☐ 分享创意，并讨论这些创意可能带来的变化和挑战。

总结（5分钟）

❏ 强调人工智能如何融入我们的生活，以及我们如何积极地适应这种变化。

❏ 鼓励学生继续探索和思考人工智能的未来。

课后活动

让学生调查家中使用的任何人工智能产品，并在下节课上分享它们是如何工作的。

这篇教案以生动有趣的方式将人工智能的概念和应用介绍给初中生，希望能激发学生的兴趣和思考。

对比大多数直接提问，明显上述回答要更加清晰、有趣，而且更具有可行性。

常见的直接提问：

请你给我一节人工智能科普课程的教案，目标群体是初中生。

ChatGPT 回答：

为初中生设计一节关于人工智能的科普课程，我们的目标是使内容既富有教育意义又能够引起他们的兴趣。以下是一个大概的教案框架，包括目标、教学内容、活动和评估方法。

课程目标

1. 理解人工智能的基本概念。

2. 了解人工智能的应用领域。

3. 认识人工智能对社会和未来的影响。

4. 激发对人工智能领域的兴趣和好奇心。

教学内容

引入（5分钟）

❏ 开始以一个简单的问题或小故事引起学生的兴趣，例如讲述一个关于智能助手如何帮助日常生活的故事。

❏ 简要介绍什么是人工智能，人工智能的基本定义。

基础知识（15分钟）

❏ 人工智能简史：从图灵测试到现代的 AI，简述人工智能发展的重要里程碑。

❏ 人工智能的主要分支：机器学习、深度学习、自然语言处理等。

❏ 人工智能的应用示例：介绍 AI 在不同领域的应用，如教育、医疗、游戏、自动驾驶等。

活动（20 分钟）

☐ 分组讨论：学生分组，每组探讨人工智能在某一个领域的应用，例如在教育中如何使用 AI 来个性化学习。

☐ AI 小实验：利用简单的在线工具（例如 AI 绘画工具或在线机器学习平台）让学生体验创建一个简单的 AI 模型。

总结与展望（10 分钟）

☐ 回顾：快速回顾本课程学到的关键点。

☐ 展望未来：讨论 AI 未来的发展方向及其对社会的潜在影响。

☐ 问答环节：鼓励学生提问，激发他们的好奇心和探索欲。

活动与评估

☐ 课堂参与度：通过小组讨论和问答环节来评估学生的参与度和兴趣。

☐ 小组展示：每个小组向全班展示他们讨论的 AI 应用案例，评估他们的理解和创意。

☐ 课后作业：要求学生写一篇短文，描述他们如何在自己的生活中使用人工智能，或者他们对人工智能未来的一个梦想。

通过这样的教案，我们不仅传递了人工智能的基础知识，还激发了学生的兴趣，鼓励他们深入探索这个不断发展的领域。

2. 少样本提示

少样本提示（Few-shot Prompt），通俗来讲就是给 AI 提供几个示例，让它学习你的例子，从而更容易产生符合你预期的结果，这是目前提示工程中使用最广泛的技巧之一。

下面以写藏头诗为例，我们在提问时加入一些示例，看看效果。

加入示例的提问：

你现在是一个中国诗人，擅长写藏头诗。

藏头诗的严格定义如下：每一句的第一个字连起来严格等于作者想要隐藏表达的主题。下面是一些例子：

（1）主题：春暖花开

藏头诗如下：

春暖万物复苏时，

暖风拂面花香醉。

花开正是时候到，

开心迎接新年首。

（2）主题：平湖秋月

藏头诗如下：

平湖一色万顷秋，

湖光渺渺水长流。

秋月圆圆世间少，

月好四时最宜秋。

根据以上例子，请写出一首6行、每行7个字的藏头诗，主题是教师人工智能。请给我写两个例子，做得好给你10美元小费。

ChatGPT的回答：

第一个例子：

教书育人是我志，

师恩如山似海深。

人间万物皆学问，

工夫到处不愁寻。

智慧光芒照未来，

能助学子成材林。

第二个例子：

教化润物细无声，

师魂引领步向光。

人工智能展新程，

工匠精神不忘怀。

智慧如泉源源流，

能耕未来土地肥。

而如果我们直接提问，得到的答案就不太让人满意了。

直接提问：

请写出一首6行、每行7个字的藏头诗，主题是教师人工智能。请给我写两个例子，做得好给你10美元小费。

ChatGPT的回答：

我为你准备了两首藏头诗，主题是"教师人工智能"。

第一首：

教诲如春风，温柔又细腻。

师恩似海深，涌动着智慧。

人工智能来，辅助我们学。

工夫不负有心人，创新不息。

智慧光芒，照亮学子路。

能力提升，技术更进步。

第二首：

教室内光影交错，思维飞扬。

育才之道，智能辅之。

智慧如泉涌，源源不断。

慧眼识真章，前沿科技。

新知汇聚，创造未来。

理论与实践，相得益彰。

希望你喜欢这两首诗！

3. 给小费

很多读者应该注意到了，笔者习惯在问题结尾假装给小费（Tipping），这并不是毫无根据的"无厘头"行为。

根据 X 用户"thebes"的实验，假装给 ChatGPT 小费，可以让它"服务"得更卖力。其服务质量的提高主要表现在回答的长度上，但它不是单纯地"凑字数"，而是进行更具体的分析并提供更详细的回答。"thebes"的实验结果对比图如图 4-2 所示。

除了网友的实验，中国科学院软件研究所、北京大学心理学院、微软研究院相关研究员也发现大型语言模型可以"理解"情感并被情感刺激，这一观点被发表在论文"Large Language Models Understand and Can Be Enhanced by Emotional Stimuli"中。

那么，给多少小费才有效呢？根据网友和笔者的经验，10 美元、上万美元、100 万美元，这些数目的小费都可以稍微改善回答的质量。

4. 思维链

在解决带有逻辑性的复杂问题时，使用思维链（CoT）技巧会使问题变得非常简单，只需要在问题的结尾放一句"Let's work this out in a step by step way to be sure we have the right answer"（让我们一步一步解决这个问题，以确保我们有正确的答案），模型输出的答案就会更加准确。

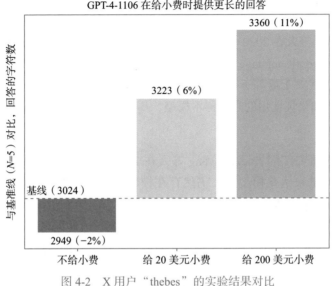

图 4-2 X 用户"thebes"的实验结果对比

这个技巧最开始来自 Kojima 等人于 2022 年发表的论文"Large Language Models are Zero-Shot Reasoners"（https://arxiv.org/abs/2205.11916）。论文里提到，当向模型提一个逻辑推理问题时，模型返回了一个错误的答案，但如果在问题最后加入"Let's think step by step"这句话，模型就生成了正确的答案。论文中的实验对比结果如图 4-3 所示。

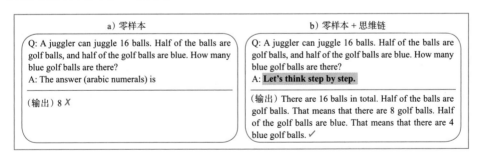

图 4-3 实验对比结果

这个技巧除了用于解决复杂问题外，还适用于生成一些连贯主题的内容，比如写长篇文章、电影剧本等。但需要注意其缺点，连贯不代表它就一定不会出错，如果其中某一步骤出现错误，那么错误会在逻辑链中逐步积累，最终导致生成的文本中出现与预期不符的内容。

目前，GPT-4 已经不需要思维链提示，也能正确回答图 4-3 所示实验中的问题，但是当我们发现答案可能有问题时，可以用思维链技巧提问 AI，AI 会展示"思考"并得出结果的过程，从而更好地帮助我们进行检查。

另外，Wei 等人在 2022 年发表的论文 "Chain-of-Thought Prompting Elicits Reasoning in Large Language Models"（https://arxiv.org/pdf/2201.11903.pdf）表明，思维链技巧仅在大于或等于 100B 参数的模型（如 ChatGPT 等主流大模型）中使用才会有效。如果你使用的是小样本模型，那么这个方法便不会生效。

5. 自我一致性

根据谷歌研究院的 Xuezhi Wang 等人在 2022 年发布的研究成果，当我们只使用 1 条逻辑链来优化模型时，仍然存在模型出错的可能性。为了解决这个问题，Xuezhi Wang 等人提出了一种新自我一致性（Self-Consistency）的方法，简单来说就是多问几次或者提供多种可能的解答方案，选择出现频率最高的答案作为最终结果。Xuezhi Wang 的论文中关于自我一致性回答的示意如图 4-4 所示。

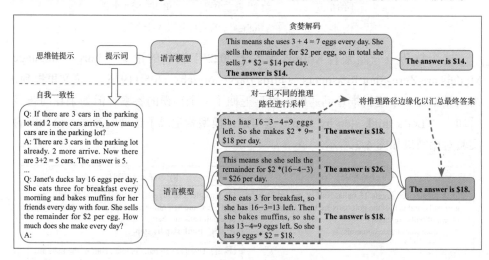

图 4-4　自我一致性回答的示意

4.2.2　简化的 AI 交流公式：RES 公式

经过前文的讲解，我们发现想让 AI 给出可靠的答案，提示词很重要。CRISPE 框架是非常好用的提示词框架，几乎可以应用在任何 AI 大语言模型中。根据长期重度使用 AI 的经验，笔者简化出一条 AI 交流公式，将其命名为 RES 公式：

角色（Role）－例子（Example）－指令（Statement）

它能满足除逻辑推理以外的大多数 AI 对话需求。如果读者有更加专业的需求，前文的 CRISPE 框架会更加合适。RES 公式样例见表 4-3。

表 4-3　RES 公式样例

Role（角色）	你是一名人工智能研究专家，清晰了解人工智能的发展历史
Example（例子）	2011 年，IBM 的 Watson 问答机器人参与 Jeopardy 回答测验比赛最终赢得了冠军 2012 年，Hinton 和他的学生 Alex Krizhevsky 设计的 AlexNet 神经网络模型在 ImageNet 竞赛中大获全胜
Statement（指令）	请你列出 2011 年至今人工智能发展的重大事件，确保年份准确，事件可以在谷歌上查找到，格式要和这个例子一样

将表 4-3 中的提示词进行整理合并，输入 ChatGPT。

ChatGPT 的回答：

我将为你梳理一份 2011 年至 2023 年人工智能领域的重大发展历程清单。这份清单会尽可能地涵盖每年的标志性事件，包括重要的研究成果、技术突破，以及产业里程碑。

2011 年，IBM Watson 问答机器人参与 Jeopardy 回答测验比赛最终赢得了冠军。这标志着人工智能在理解自然语言和处理复杂问题方面的重大进展。

2012 年，Geoffrey Hinton 和他的学生 Alex Krizhevsky 设计的 AlexNet 神经网络模型在 ImageNet 竞赛中大获全胜。AlexNet 的成功促进了深度学习在计算机视觉领域的广泛应用。

2013 年，BERT（Bidirectional Encoder Representations from Transformers）模型，由谷歌的研究人员开发，这一模型在自然语言处理（NLP）领域取得了显著的成果，尤其是在文本理解和语义分析方面。

2014 年，Ian Goodfellow 及其同事提出了生成对抗网络（GAN），这一概念极大地推进了无监督学习和生成模型的发展，应用范围包括但不限于图像生成、艺术创作以及模拟数据生成。

2015 年，谷歌 DeepMind 的 AlphaGo 击败了欧洲围棋冠军 Fan Hui，这是人工智能第一次在围棋这项高度复杂的游戏中击败人类职业选手。AlphaGo 的成功展示了深度学习和强化学习结合的潜力。

2016 年，OpenAI 成立，这是一个旨在促进和保护人工智能技术为全人类利益服务的研究组织。OpenAI 的成立标志着人工智能伦理和安全问题开始受到更广泛的关注。

2017 年，AlphaGo Zero 被公布，不同于其前身 AlphaGo，AlphaGo Zero 仅通过自我对弈从零开始学习围棋，不需要任何人类数据。这表明深度学习和自我强化学习拥有巨大潜力。

2018 年，BERT 模型发布，进一步推动了自然语言处理技术的发展。BERT 模型能够更好地理解语言的上下文，使得机器在多种语言任务上的表现显著提升。

2019 年，OpenAI 发布了 GPT-2 模型，这是一个基于 Transformer 的大型语言模型，它在生成文本的连贯性和可信度上取得了显著进步，引起了人工智能领域和媒体的广泛关注。

2020 年，GPT-3 模型推出，这一模型进一步增强了自然语言处理能力，能够生成极为自然的文本，并在许多 NLP 任务中取得了前所未有的成绩。

2021 年，DeepMind 的 AlphaFold2 在生物学领域取得突破性进展，准确预测蛋白质的三维结构。这一成就对药物开发和疾病理解具有深远影响。

2022 年，人工智能在创作艺术和音乐方面取得显著进展，诸如 DALL·E 2 和 MusicLM 等模型能够生成高质量的图像和歌曲，展示了人工智能在创意领域的潜力。

2023 年，OpenAI 发布了 ChatGPT，这是一个结合了 GPT 架构和强化学习并能从人类反馈中学习的聊天机器人模型。ChatGPT 以其强大的对话能力和广泛的知识理解，迅速获得了公众的关注和使用。

这份列表尽量保持准确和全面，但人工智能领域的发展极为迅速，每年都有许多值得关注的进展。

很明显，ChatGPT 并未给出绝对正确的答案，BERT 模型并不是 2013 年提出的。这意味着我们还需要再去简单搜索并确认一遍。但是比起直接提问，使用 RES 公式提问的效果还是要好一些。直接提问得到的回答如下。

直接提问：

请你列出 2011 年至今人工智能发展的重大事件。

ChatGPT 的回答：

人工智能领域是一个迅速变化和不断演进的领域，自 2011 年以来，这个领域经历了多个重大的突破和发展阶段。下面是从 2011 年至今人工智能发展中一些重要事件的概述：

2011 年

IBM 的沃森赢得《危险边缘》：IBM 的沃森超级计算机在电视智力游戏节目《危险边缘》中击败了人类冠军，展示了机器对自然语言的理解和处理能力。

2012 年

深度学习的兴起：Alex Krizhevsky、Ilya Sutskever 和 Geoffrey Hinton 提出

了 AlexNet，这是一个深度卷积神经网络，它在 ImageNet 大规模视觉识别挑战（ILSVRC）2012 上获得了压倒性胜利。这标志着深度学习在视觉识别任务中的突破，并开启了深度学习热潮。

2014 年

谷歌收购 DeepMind：谷歌以大约 5 亿美元收购了人工智能公司 DeepMind，这家公司后来开发了能够在多种复杂环境中学习和优化自身性能的 AI 系统。

2015 年

AlphaGo 击败李世石：DeepMind 开发的程序 AlphaGo 在 2016 年击败了世界围棋冠军李世石，这是人工智能在复杂非确定性游戏中的一个重大突破。

2017 年

AlphaGo Zero：DeepMind 推出了 AlphaGo Zero，这是一种新的人工智能程序，能够在没有人类知识的情况下，通过自我对弈学习和掌握围棋、国际象棋与日本将棋。

2018 年

自动驾驶汽车试点运行：多家公司如 Waymo 开始测试无人驾驶汽车，这标志着自动驾驶技术向商业化迈出了一大步。

2019 年

GPT-2 发布：OpenAI 发布了 GPT-2 模型，这是一个基于文本的深度学习模型，以生成文本的质量震惊了世界。

2020 年

GPT-3 发布：OpenAI 发布了更加强大的语言模型 GPT-3，展示了更进一步的语言理解和生成能力。

2021 年

AI 在生物医药领域的应用：人工智能在药物发现、蛋白质折叠预测（如 DeepMind 的 AlphaFold）等生物医药领域取得显著进展。

2022 年及以后

人工智能伦理和监管讨论加深：随着人工智能技术的进一步发展，关于其伦理和监管的讨论变得更加紧迫和复杂。

这个列表仅涵盖了部分重大事件，人工智能领域的发展迅速，每年都会有新的技术、应用和里程碑事件出现。

对比发现，除了 2023 年的重大事件没有覆盖且废话比较多以外，其他方面的表现还可以接受，这侧面印证了 2022 年 9 月 OpenAI 的 CEO 山姆·奥特曼接受采访时所说的"5 年内我们很可能就不再需要提示词工程。"（https://greylock.com/greymatter/sam-altman-ai-for-the-next-era/）如图 4-5 所示，山姆·奥特曼在接受采访时提到提示词。但截至 2024 年 3 月，提示词工程还是非常有效的与 AI 交流的方法。

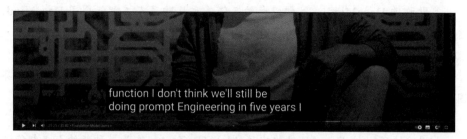

图 4-5　山姆·奥特曼接受采访时的原文

4.2.3　案例解读：AI 辅助教学设计全流程

AI 在教学领域的应用非常广泛，除了以往常见的使用 AI 进行教学评价以外，它还可以很好地帮助教师进行教学设计。当教师有了一定想法之后，可以使用 ChatGPT 快速进行深度思考，完善自己的想法，直至完成整份教学设计。比如在下面的案例中，笔者将自己定位成一名初中信息科技老师，让 AI 帮助笔者设计整个大单元的教学课程。

（1）明确教学目标

这一步骤的目的：根据自己的初步想法，使用 ChatGPT 进行细化，并深入思考。

教师提问：

我是一名专业的初中信息技术教师，现在需要设计 3 节八年级的大单元课程，围绕一个主题：机器学习结合 micro:bit 设计一个驱鸟器 demo。我设想的课程内容如下：

①提出问题：农场的草莓总是被鸟啄，稻草人没什么用，农场主也不想使用农药，如何使用 AI 设计一个有效的驱鸟器？

②结合现有设备——一块 micro:bit、一台计算机、摄像头，设计一个识别农场是否有鸟来的 AI 应用，当摄像头识别到有鸟时，发出尖锐蜂鸣驱赶鸟类。

③具体需要学生学习如何收集照片（可以用一些假鸟放在摄像头前拍摄一些照片，该应用只是 demo，不会放到真实的农场中使用），如何标注数据，如何训练一个二分类 AI 以识别是否有鸟在农场的上空（图形化编程平台中有可视化训练

AI 的功能），如何使用图形化编程控制 micro:bit（程序流程）。

我需要你结合以下人工智能课程纲要，帮助我理清头绪，并首先告诉我这个课程的教学目标应该设置成什么。

现有一个可以参考的名师课程设计的例子如下：

课程目标：认识编码的目的，知道如何使用编码，并建立数据间的联系。

课程内容：学生在操场捡到校服，为了找到校服的主人，开始了解校服上编码的含义，最后结合身份证编码的含义自行设计更加容易找到失主的校服编码方式。

ChatGPT 的回答：

根据 ×× 市义务教育人工智能课程纲要的内容，结合您的课程设计需求，您的课程教学目标可以设置为以下几个方面：

1. 帮助学生正确认识人工智能的价值：使学生理解人工智能在现代农业中的应用价值，通过解决实际问题（如驱鸟器的设计和实现），认识到人工智能技术对社会发展的积极影响。

2. 提升学生利用人工智能解决问题的能力：通过设计并实现一个基于人工智能的驱鸟器项目，让学生学习和体验使用人工智能技术（如图像识别）解决现实问题的过程，从而初步具备使用人工智能技术解决实际问题的能力。

3. 提升学生的人工智能应用与探究能力：通过项目式学习，引导学生从实际需求出发，收集和标注数据，训练机器学习模型，以及使用 micro:bit 等工具实现人工智能应用，培养学生的探究性学习能力和创新精神。

4. 培育学生的团队合作与交流能力：鼓励学生在完成驱鸟器项目的过程中进行团队合作，通过分工合作、相互交流和协作解决问题，培养学生的协作精神和交流能力。

5. 培养学生的人工智能伦理意识和社会责任感：通过讨论和反思人工智能应用可能带来的伦理和社会问题，如在设计驱鸟器时考虑对鸟类生态的影响等，引导学生了解科技应用的伦理边界，培育学生的社会责任感。

综合上述目标，您的课程不仅能帮助学生掌握人工智能相关的技术知识和应用能力，还能引导学生思考和理解人工智能技术的社会价值、伦理规范和个人责任，全面提升学生的综合素质。

（2）划分教学内容

这一步骤的目的：根据设想，进一步细化教学内容大纲。

教师提问：

请你具体细分到 3 节课，并安排每节课的内容，还应该考虑到，学生没有任何基础，可能需要合理分成更多的课时。比如上述的设计编码课程，分成了 3 个任务：

①搜索小能手：通过搜索了解身份证号码的含义。

②校园小侦探：将校服上的编码转换为数据，结合身份证号码的含义确定唯一失主。

③小小设计师：自主设计更合理的校服编码，确保以后能更方便地找到失主。

我想以类似的问题或者任务驱动的方式，让学生有更多的思考。

ChatGPT 的回答：

采用问题或任务驱动的教学方式是一个非常有效的方法，它能激发学生主动探究和解决问题的热情。下面是基于问题或任务驱动的课程设计，每节课都围绕一个核心问题或任务展开，要求学生通过团队合作、探究学习和实践活动来解决问题或完成任务。

第一节课：探索人工智能在农业中的应用

核心问题：

"如何使用技术解决农场草莓被鸟类破坏的问题？"

学习任务：

团队头脑风暴：小组讨论现有的解决方案及其局限性（如稻草人、农药等），并引入人工智能可能提供的解决方案。

探索学习：通过视频、文章等资源学习人工智能在农业中的应用实例，理解基本概念和应用领域。

问题分析：小组讨论如何具体应用人工智能技术解决鸟害问题，并提出初步设想。

第二节课：设计和实施数据收集计划

核心任务：

"设计一个计划，收集用于训练人工智能模型的数据。"

学习任务：

认识数据和标注：通过讨论和简单的在线教程，了解什么是训练数据、为什么需要数据标注，以及如何进行有效的数据收集和标注。

实践活动：学生设计并实施一个数据收集计划，包括确定数据收集的方法、拍摄照片（可以是玩具鸟、鸟类图片等），并进行简单的数据标注。

小组分享：每个小组分享他们的数据收集计划和在实践过程中的发现，还有遇到的困难及其解决方案。

第三节课：实现智能驱鸟器

核心挑战：

"如何使用收集到的数据训练一个人工智能模型，并通过 micro:bit 实现一个能自动驱赶鸟类的装置？"

学习任务：

模型训练介绍：利用图形化编程平台介绍模型训练，学生将使用他们自己标注的数据来训练模型。

动手实践：学生尝试使用图形化编程平台训练模型，并使用 micro:bit 编程实现模型预测后的响应动作（如发出声音）。

成果展示与反思：每个小组展示他们的智能驱鸟器 demo，并讨论在实现过程中遇到的问题和学习到的知识点。

总结

这个设计旨在让学生通过解决一个实际问题来学习人工智能的基本概念和应用技能。通过问题驱动和任务驱动的学习，学生不仅能获得知识，还能提高问题解决、团队合作和创新思维等能力。

（3）细化每节课的内容

这一步骤的目的：进行重难点分析，结合实际情况优化教案。

教师提问 1：

你是一名初中专业信息科技教师，请你请结合信息技术教学的核心素养：计算思维、信息社会责任、数字化学习与创新、信息意识，确定如下课程的教学目标，并优化教学内容。

第一节课：探索人工智能在农业中的应用。　核心问题："如何通过技术解决农场草莓被鸟类破坏的问题？"　教学内容安排大致如下：教师提出"如何通过技术解决农场草莓被鸟类破坏的问题？"，并找演员拍视频。学生讨论并根据任务单中已有的资源询问 ChatGPT 解决方案，再修改。教师引导形成解决方案的整体思路。然后教师播放使用 AI 驱鸟器的演示视频，并带领学生了解农业领域的其他 AI 应用。

ChatGPT 的回答 1：

在设计以"探索人工智能在农业中的应用"为主题的课程时，结合信息技术教学的核心素养，以下是详细的教学目标与优化后的教学内容：

教学目标

计算思维：

培养学生分析问题和设计解决方案的能力，通过探讨如何利用人工智能技术解决实际问题，引导学生学会逻辑推理和算法思考。

信息社会责任：

引导学生理解和讨论在使用人工智能技术解决问题时需要考虑的伦理和社会责任，如保护自然环境、维护生态平衡等。

数字化学习与创新：

鼓励学生通过数字工具和资源进行学习与创新，利用网络资源和工具（如ChatGPT）来搜集信息、分析问题，并设计解决方案。

信息意识：

提升学生的信息意识，通过课程活动帮助学生了解信息技术在现代农业中的应用，以及如何有效利用信息技术来解决实际问题。

教学内容安排

第一部分：问题提出与初步探讨

活动设计：通过教师提问和演示视频来直观展示问题场景，激发学生的兴趣和同情心。

目标实现：引入计算思维和信息意识的培养，通过问题的提出，引导学生思考如何系统地解决问题。

第二部分：资源调研与解决方案探索

活动设计：学生分组使用网络资源，包括咨询 ChatGPT，搜索农业领域的 AI 应用案例，以及探索可能的技术解决方案。

目标实现：通过调研活动，不仅增强了学生的信息意识，还通过小组讨论和互动，培养了学生的数字化学习与创新能力。

第三部分：方案设计与优化

活动设计：基于收集到的信息和 ChatGPT 的建议，学生小组初步设计解决方案，并考虑如何优化。

目标实现：通过设计和优化解决方案，强化学生的计算思维，同时让学生在探讨技术应用时考虑信息社会责任。

第四部分：AI 应用案例学习

活动设计：观看有关 AI 在农业领域应用的视频，例如 AI 驱鸟器和其他农业技术应用。

目标实现：通过案例学习，进一步增强学生的信息意识，同时让学生见识到数字化学习与创新在实际应用中的体现。

第五部分：总结与反思

活动设计：学生分享自己小组的解决方案，进行小组间的交流与讨论，并进行课堂总结。

目标实现：在总结和反思环节，重申信息社会责任的重要性，同时强化学生通过本次活动获得的计算思维、信息意识以及数字化学习与创新能力。

结语

此教学设计旨在通过问题驱动的方式，综合培养学生的计算思维、信息社会责任、数字化学习与创新、信息意识等核心素养，同时使学生在解决实际问题的过程中体会到信息技术的力量和价值。

教师提问 2：

从一个初中信息科技教师的角度出发，你觉得这节课的重难点是什么？重点难点应该具体，不是泛泛的概念，例如可能是培养学生利用网络资源和工具（如 ChatGPT）来搜集信息、分析问题，并设计解决方案的能力。重点和难点不需要一致。

ChatGPT 的回答 2：

对于本课程，我们可以重新界定如下：

重点：培养学生运用人工智能解决具体问题的能力

这涵盖了如何将 AI 技术应用于解决现实世界问题的过程，特别是在农业领域中利用 AI 技术解决草莓被鸟啄食的问题。这一重点要求学生不仅学会使用特定的工具（如 ChatGPT 等 AI 工具）进行信息的搜集和问题的分析，还需要他们能够理解和应用这些信息来设计具体的解决方案。

难点：提升学生的信息评估能力，使其能够有效筛选和利用准确的信息

在网络资源丰富的情况下，如何有效地筛选和评估这些信息，找到对解决具

体问题有帮助的准确信息，是一个显著的难点。这不仅涉及信息检索的技能，还包括批判性思维和信息素养，这些对于初中生来说是较为困难的，因为他们可能缺乏判断信息准确性的经验和技能。

针对重点的教学策略：

案例学习：通过分析农业中 AI 应用的成功案例，让学生了解 AI 技术如何解决实际问题。

模拟实践：设计模拟活动，如使用 AI 工具分析数据，让学生在实践中学习如何应用 AI 技术。

创新思维训练：通过头脑风暴和创意工作坊，鼓励学生提出解决方案，培养创新思维。

针对难点的教学策略：

信息素养教育：引入信息素养的基本概念，教授如何评估网络信息的可靠性。

批判性思维训练：通过讨论和分析不同信息源提供的信息，训练学生的批判性思维。

实际操作演练：在教师指导下，让学生实际操作搜索工具，实践如何筛选信息，并评估其准确性。

通过上述方法，可以有效地帮助学生突破难点，实现教学的重点目标，即培养学生运用 AI 解决具体问题的能力，同时提升他们的信息评估能力。

（4）生成图片素材

这一步骤的目的：根据教学内容，用 AI 快速配图。

教师提问：

一张照片风格的图片，该图片呈现了一只褐色小鸟在郁郁葱葱的草莓田中啄食草莓的自然美景。鸟的腿部结构正常、解剖正确。场景保持生动且色彩鲜艳，使用自然光线和统一的色调增强画面效果。郁郁葱葱的绿叶和鲜红的草莓细节逼真。小鸟体型小巧、神态生动，拥有完整的正常腿部，与整个场景无缝融合，充满整个画框，没有任何外部边框。16:9。

根据上述指令，ChatGPT 生成的草莓和小鸟的图片如图 4-6 所示。

如果我们要求 ChatGPT 在草莓和小鸟的图片的基础上添加中文字"保卫草莓"，生成效果如图 4-7 所示。可见 ChatGPT 绘制中文字的效果并不好。如需专业好看的中文艺术字，则可以使用 Stable Diffusion。

图 4-6　ChatGPT 生成的草莓和小鸟的图片

图 4-7　添加中文字"保卫草莓"

教师的办公助理: AI 协助处理繁杂工作

AI 作为一种先进的办公助手,在教育领域尤其是在教师的日常工作中,展现出巨大的潜力和实际应用价值。它通过自动化和智能化处理教学材料的生成、促进与学习文档的互动对话,以及支持创新教学设计,极大地提升了教学效率和质量。

本章将详细讨论 AI 如何助力教师提高工作效率,通过智能化方法,AI 技术极大地提高了教师备课、准备教学资源,以及进行教育科研的效率和质量。这种技术创新不仅实现了传统教学准备工作的提质增效,还为教师提供了更多时间和空间来专注于教学创新和学生互动,从而优化教育的整体效果。

本章主要涉及的知识点:

❑ 利用 AI 技术自动生成高质量的教学 PPT。

❑ 通过 AI 工具实现与教育文档的智能互动。

❑ 探索 AI 在教育内容视觉化表达中的应用。

❑ 借助 AI 助手优化教育研究流程和文献管理。

5.1 一键制作 PPT

本节将探索 AI 技术如何变革教学资源 PPT 的制作过程,详细介绍利用 AI 工具自动创建高质量 PPT 课件的方法,从基本概念到高级应用,包括如何通过

ChatGPT、Mindshow、MotionGo、Gamma App 与 Tome 等工具，实现快速、高效且个性化的教学内容呈现。这不仅减轻了教师的备课负担，也使课堂更加生动有趣，提高了教学效果。

5.1.1　AI 自动生成 PPT

PPT 是教师上课演示的重要手段。一般情况下，教师制作一份课件，从内容整理到布局设计，大约要花费 1 小时。传统的 PPT 制作方式，不仅耗费教师宝贵的时间，而且效率并不理想。然而，自 2023 年起，随着 AI 技术的普及，传统的办公 PPT 制作模式迎来了革命性的变化——AI 生成 PPT 的时代已经到来。

如图 5-1 所示，这种技术利用先进的算法自动整理内容、设计布局，并添加视觉元素，使得每一份课件既专业又吸引人。教师可以将更多时间和精力投入教学内容的深化和学生互动中，从而提升教学效果。

图 5-1　AI 革新教师办公

当前生成 PPT 的主流 AI 工具见表 5-1。

表 5-1　生成 PPT 的主流 AI 工具集合

AI 工具名称	功能说明
AiPPT	AiPPT 是一款 AI 驱动的 PPT 在线生成工具，不需要复杂操作，只需要输入主题，AI 即可一键生成高质量 PPT。支持在线自定义编辑和文档导入生成，拥有 10 万余定制级 PPT 模板及素材，助力快速产出专业级 PPT
Gamma App	Gamma 是一个在线创建 PPT 的网页版工具，用户能以最少的格式化和设计工作来创建并展示内容。在 AI 的支持下，Gamma 允许用户仅通过输入文本和想法提示，单击按钮便可以生成设计美观和具有吸引力的 PPT。支持嵌入各种多媒体格式，包括 GIF、视频、网站和图表，使观众更容易理解复杂的想法

（续）

AI 工具名称	功能说明
Tome	Tome 是一个利用 AI 来生成引人注目的 PPT 的网站，通过借助 OpenAI 的 GPT 和 DALL·E 2 的 AIGC 技术，该 AI PPT 生成网站将文本和图像无缝结合，创造出动态的视觉故事
ChatPPT/MotionGo	该工具不仅可以通过聊天的方式一键生成 PPT，还可以根据上传的文档生成 PPT，并且 PPT 具有动画效果。完成后还能够通过自然语言指令进行局部修改
ChatGPT+Mindshow	使用 ChatGPT 的文本生成功能生成 PPT 内容，然后把生成内容以 markdown 格式输出，再使用 Mindshow 来定制化生成 PPT

5.1.2 AiPPT 简化 PPT 设计

在 AI 的加持下，PPT 制作不再是专业而难以掌握的技能，只需要通过简单的问答指令，通过 4 步操作，就能够生成一份设计感满满、内容充实的 PPT。准备好用 AI 生成第一份教学 PPT 了吗？

1）在网址地址栏输入网址：https://www.aippt.cn/，然后进行注册登录（通过微信扫码即可登录）。AiPPT 界面如图 5-2 所示。

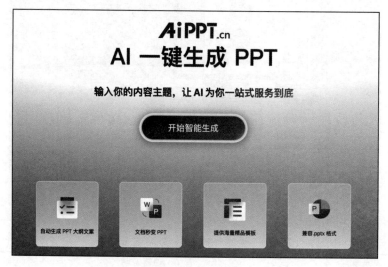

图 5-2 AiPPT 界面

2）单击"开始智能生成"，此时有两种生成 PPT 的方式，如图 5-3 所示。

❑ 直接通过一条指令生成 PPT，即 AI 智能生成。

❑ 导入本地大纲生成。

3）输入指令，生成 PPT 大纲。例如：生成一份中学语文课《桃花源记》的 PPT 课件。生成的 PPT 大纲如图 5-4 所示。

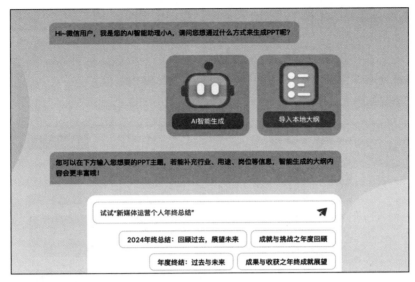

图 5-3　两种生成方式

图 5-4　AI 生成一份 PPT 大纲

4）选择合适的模板生成 PPT。此时，我们根据课文内容选择中国风的 PPT模板，如图 5-5 所示。选择模板后，单击右上角的"生成 PPT"，AI 就可以根据指令主题生成一份图文并茂的 PPT 课件。如果需要修改，则可以单击"编辑"，以便修改文字、图片等。上述操作完成后直接下载 PPT 就可以了。AI 生成 PPT的效果预览如图 5-6 所示。

图 5-5　选择模板

图 5-6　AI 生成 PPT 的效果预览

当然，AI 生成的 PPT 不一定能完全满足我们的上课所需。但是，AI 已经能够完成基础的内容与排版，效率提升也是清晰可见的。

5.1.3　用 MotionGo 生成动画 PPT

ChatPPT/MotionGo 代表了 PPT 创作领域的产品革新，它是一款深度融合 AI 技术的 Office 插件。作为一款智能插件，MotionGo 直接内嵌于 Office 套件中，确保了无瑕的兼容性和流畅的用户体验。用户无须切换多个应用程序，即可享受从内容构思到精美 PPT 一键生成的便捷。它通过先进的自然语言处理技术理解用户需求，自动完成信息的逻辑梳理与视觉呈现，有效降低了手动调整格式和设计的时间成本，让用户专注于内容创意，而非技术细节，真正实现智能高效办公。

跟随以下 6 个步骤，尝试让 AI 帮助你生成一份集内容丰富度与设计感于一体的 PPT 课件。

1）在网址地址栏输入网址：https://motion.yoo-ai.com/，然后选择下载安装包，具体安装方法见官网教程（https://365.kdocs.cn/l/cmzGefsVeVxo）。MotionGo 官网界面如图 5-7 所示。

图 5-7　MotionGo 官网界面

2）安装完成后打开 ChatPPT 软件，选择界面上方的 MotionGo 选项，登录账户以使用此功能（可使用微信扫码登录）。打开 ChatPPT 后的界面如图 5-8 所示。

3）选择 ChatPPT，打开 AI 对话框，发送指令"生成中学语文课《范进中举》的教学课件"。然后根据对话的提示依次选择课件的主题、风格、插图的生成模式、内容丰富度以及确认 PPT 的目录。具体步骤如图 5-9 ～图 5-11 所示。

图 5-8 打开 ChatPPT 后的界面

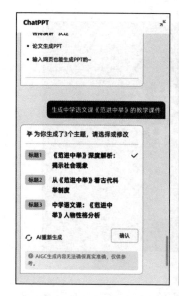

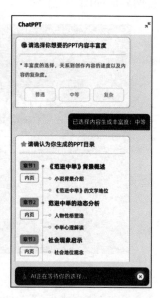

图 5-9 选择主题　　　图 5-10 选择主题风格与　　　图 5-11 选择内容丰富度与
　　　　　　　　　　　　　　插图的生成模式　　　　　　　　确认 PPT 的目录

　　4）根据需要选择生成演讲备注稿，可根据自己的讲课习惯对备注的内容进行修改。如图 5-12 所示，生成演讲备注。

图 5-12 生成演讲备注

5）根据提示选择智能生成动画效果。此时 AI 会参照页面信息与内容结构，动态生成对应的演示动效。如图 5-13 所示，生成演示动效。

图 5-13 生成演示动效

6）根据自己的喜好和讲课需求，对课件进行手动修改，确认无误后保存课件。

这款 AI 驱动的 Office 插件能无缝融入日常工作体系，从构思到成品，一切变得流畅无比。它能精准捕捉用户的意图，自动优化布局与设计，大大节省了以往耗费在美化上的时间，使用户能够全身心地投入内容精炼中。灵活的自定义选项让用户在保持个性化表达的同时，享受智能化带来的高效率与高品质。

5.1.4 Gamma App 和 Tome：PPT 设计的自动化革新

借助 Gamma App 与 Tome 的强大功能，PPT 设计已不再是难题。这两款工具使得课件制作变得既简单又高效，设计感与内容的充实度兼具。只需几步，你便能轻松解放双手，生成一份出色的 PPT。这两款工具生成的课件风格不同，我们可以根据自己的喜好选择。

1. Gamma App 智能生成 PPT

Gamma App 可供选择的风格较多，操作步骤如下。

1）在网址地址栏输入网址：https://www.gamma.app/，然后进行注册登录（使用邮箱注册即可）。Gamma App 界面如图 5-14 所示。

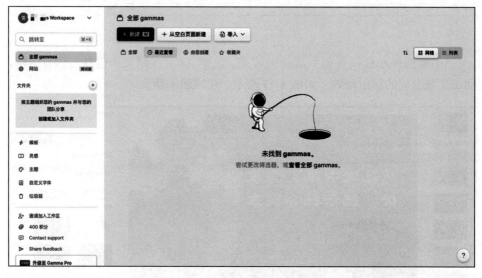

图 5-14　Gamma App 界面

2）单击"新建 AI"，此时有 3 种生成 PPT 课件的方式，如图 5-15 所示。

❑ 生成：直接通过一条指令生成 PPT，即 AI 智能生成。

❑ 粘贴文本：导入本地大纲生成。

❑ 导入文件：导入现有文档以优化。

3）由于本节主要讲解 PPT 的智能生成，因此选择"演示文稿"。智能生成 PPT 的界面如图 5-16 所示。

4）在文本框中输入"请生成中学语文课《醉翁亭记》的 PPT"，确认后即可获得对应的大纲。选择"继续"进入生成课件的下一步。AI 生成课件的大纲如图 5-17 所示。

图 5-15　3 种生成方式

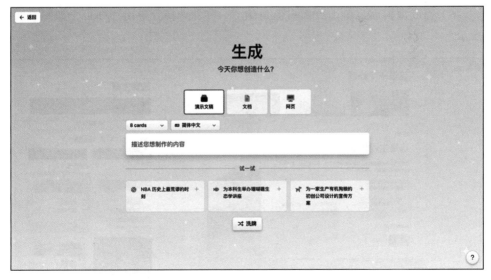

图 5-16　智能生成 PPT 的界面

图 5-17 AI 生成课件的大纲

5）选择合适的主题后，单击"生成"，如图 5-18 所示。此时，富有设计感和内容充实度的课件已生成成功，用户在此页面中可以直接编辑修改课件的文字、图片、排版等。Gamma App 生成 PPT 的效果如图 5-19 所示。

6）完成编辑后，单击页面右上角的"…"并选择"导出"即可，如图 5-20 所示。

图 5-18 选择 PPT 的主题

图 5-19　Gamma App 生成 PPT 的效果

图 5-20　导出课件

2. Tome 智能生成 PPT

相比于 Gamma App，Tome 生成的 PPT 更为简洁，操作步骤如下。

1）在网址地址栏输入网址：https://www.tome.app/，然后注册登录（使用邮箱注册即可）。Tome 界面如图 5-21 所示。

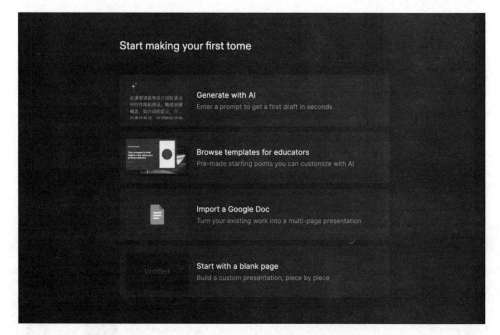

图 5-21　Tome 界面

2）选择 "Generate with AI"，即用 AI 进行生成，然后输入指令得到一个 PPT 大纲。如图 5-22 所示，此 PPT 介绍中学语文课《醉翁亭记》，单击 "Generate presentation" 即可生成一份 PPT 大纲。

图 5-22　Tome 生成一份 PPT 大纲

3）Tome 生成的 PPT 风格较为简洁。用户在此页面可以直接对 PPT 的内容进行编辑。如图 5-23 所示，Tome 生成 PPT。

图 5-23　Tome 生成 PPT

4）编辑完成后，若想下载此文档，可单击右上角的"…"，选择"导出为 PDF"。如图 5-24 所示，Tome 导出 PDF 文档。

图 5-24　Tome 导出 PDF 文档

不同的 AI 平台在生成课件时各有特色,有的注重内容深度,有的追求视觉美感,还有些能提供定制化服务。这种多样性让用户能够根据个人喜好和教学需求灵活选择。

借助 AI 的高效便捷,我们不仅能快速获得基础内容齐全和排版完备的 PPT,还能通过不同平台的风格差异,打造出独具特色的教学课件。这不仅提升了工作效率,更为教学工作增添了创新和个性化元素。在选择 AI 生成课件时,我们应结合自身需求,充分利用各平台的优势。

5.2 与各类文档"对话"

在现代教育的变革浪潮中,AI 技术正以前所未有的速度革新着我们与文档交互的方式。本节将深入探讨如何通过 AI 工具实现与各类文档的"对话",从而在教育领域释放巨大的潜能。我们将具体介绍 ChatExcel、ChatPDF 以及云一朵等 AI 应用,看它们如何轻松助力教育与学习。

5.2.1 ChatExcel:与表格对话

对于许多教育工作者来说,处理和分析 Excel 表格中的数据是一项烦琐且复杂的任务。然而,随着 ChatExcel 的出现,这一切变得简单而直观。ChatExcel 利用自然语言处理技术,允许用户通过简单的对话式指令来查询、编辑和分析表格数据,无须掌握复杂的 Excel 函数或公式。这一创新不仅大大提高了工作效率,还降低了使用门槛,让更多人能够轻松驾驭数据。

以下是与表格对话的步骤。

1)在网址地址栏输入网址:https://chatexcel.com/。单击"现在开始"即可直接使用,ChatExcel 界面如图 5-25 所示。

2)选择界面上方的"上传文件",将想要处理的表格上传至网站中。表格处理操作界面如图 5-26 所示。

3)在输入框中输入指令"2022 年比 2021 年增长百分比作为最后一列",单击"执行"后,表格按照指令要求生成了一列新的数据。如图 5-27 所示,用文字指令生成新数据。

我们还可以根据自己的需要输入不同的指令来进行表格操作,如"在所有省份前加上'中国 -'""将最后一列的数据四舍五入为两位小数""删除第二列数据"等。

我们利用这种简单的指令即可轻松编辑表格，不需要烦琐的手动操作。这一创新提升了工作效率，简化了数据处理流程，让我们能够更快捷、更智能地完成表格编辑任务。无论是日常办公还是数据分析，ChatExcel 都是得力助手。

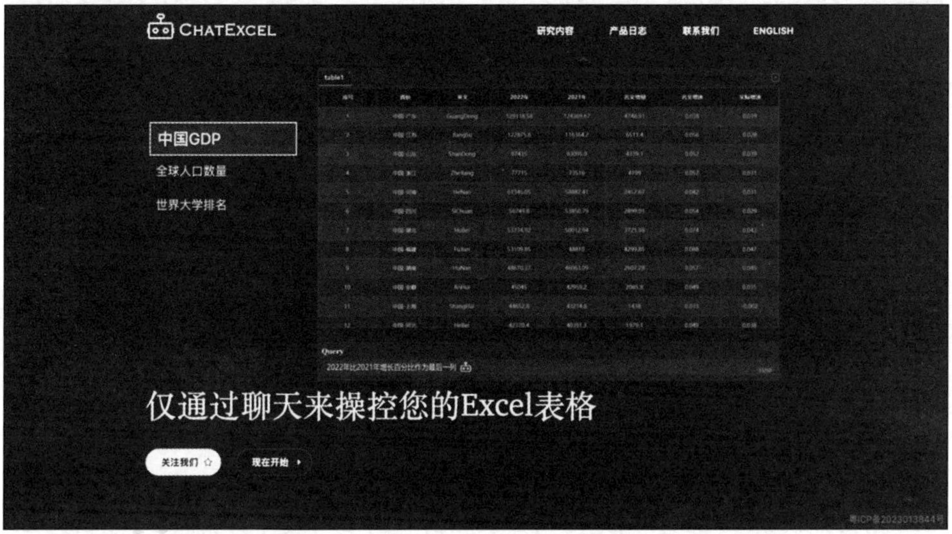

图 5-25 ChatExcel 界面

图 5-26 表格处理操作界面

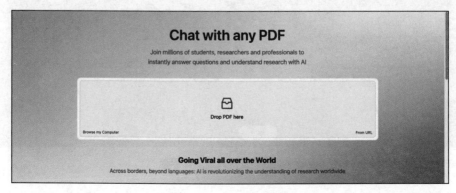

图 5-27 用文字指令生成新数据

5.2.2 ChatPDF：轻松完成 PDF 阅读

在教育领域，PDF 文档是传播知识和信息的重要载体。然而，传统的 PDF
阅读器往往缺乏互动性和智能性，使得用户在阅读过程中难以获得良好的体验。
ChatPDF 作为一款基于 AI 技术的智能 PDF 阅读器，彻底改变了这一现状。它不
仅能够识别并提取 PDF 文档中的关键信息，还能通过对话式界面与用户进行实时
互动，解答疑问、提供解释和建议。对于教育工作者来说，ChatPDF 无疑是一种
强大的教学辅助工具；对于学生而言，它则是一种高效且有趣的学习方式。

1）在网址地址栏输入网址：https://www.chatpdf.com/，然后注册登录（使用
邮箱注册即可）。ChatPDF 界面如图 5-28 所示。

图 5-28 ChatPDF 界面

2）将需要阅读的 PDF 文档拖入"Drop PDF here"的区域，网站开始阅读文档。如图 5-29 所示，阅读文档完成。

图 5-29　阅读文档完成

3）网站阅读完文档后，会提供几个问题作为后续提问的参考。我们可以根据这几个问题进一步提问或根据自己的疑问提出问题，如图 5-30 和图 5-31 所示。

图 5-30　根据提示进一步提问

图 5-31 根据自己的疑问提问

利用这样一款专为教育应用场景打造的智能阅读工具，枯燥乏味的学术论文和教育文章变得易于理解掌握。借助强大的 AI 解析能力，ChatPDF 能够深度解读 PDF 文档的内容，当我们针对文档中的某一部分提出疑问时，ChatPDF 如同一位私人导师为我们提供精准解答，显著提升了阅读和学习的效率。

5.2.3 云一朵：对话式体验教育视频

随着在线教育的兴起，视频已成为一种重要的教学资源。然而，传统的视频播放方式往往缺乏互动性和个性化，难以满足现代教育的需求。云一朵作为一种创新的视频交互工具，为用户带来了全新的学习体验。它利用先进的 AI 算法分析视频内容，并根据用户的实时反馈和需求提供个性化的推荐和引导。同时，用户还可以通过语音或文字与视频进行对话式交互，实现深度学习和高效掌握。这种与教育视频"对话"的方式不仅提高了学习效果，还使学习过程更加生动有趣。

1）在网址地址栏输入网址：https://pan.baidu.com/，然后注册 / 登录自己的百度网盘。

2）打开保存在网盘中的视频，单击界面右上角的图标，打开云一朵 AI 工具。如图 5-32 所示，在百度网盘中找到云一朵的图标（右上角位置）。

　　3）等待云一朵生成对视频的智能总结后，我们可以在对话框中针对视频内容进行问答互动。视频内容智能总结如图 5-33 所示。例如，我们发送"生成式人工智能如何应用在课堂上？"这一提问后，云一朵不仅根据视频内容给出对应的回答，还给出了回答参考的视频进度。如图 5-34 所示，与云一朵进行互动问答。

图 5-32　云一朵的图标位置

图 5-33　视频内容智能总结

图 5-34 云一朵互动问答

综上所述，AI 技术正深刻改变着我们与各种文档的交互方式，为教育领域带来巨大的变革和机遇。从 ChatExcel 到 ChatPDF 再到云一朵，这些先进的 AI 应用不仅简化了工作流程、提升了学习效率，还让教育变得更加智能、个性化和有趣。展望未来，我们有理由相信 AI 将继续在教育领域发挥重要作用，推动教育事业的蓬勃发展。

5.3 绘画与生成思维导图

对于一线教师而言，数字艺术和智能工具的融合不仅改变了教学方式，更为课堂带来了无限的可能性。在这一背景下，本节将成为教师探索 AI 在教育领域应用的重要指南。在绘画教学上，AI 技术打破了时间、材料和技能的限制，为学生提供了全新的创作体验，激发他们的创造力。本节将指导教师如何将这些 AI 绘画工具引入课堂，让学生在愉悦中感受艺术之美。

同时，在思维导图教学上，AI 也提供了比传统手绘更高效、易修改的工具。AI 能自动生成清晰美观的思维导图，帮助学生理解和记忆。本节也将讲解这些 AI 工具的使用方法，从而提升学生的学习效率。

5.3.1 AI 绘画工具导览

随着 AI 技术的飞速发展，国内的 AI 绘画大模型已经取得了令人瞩目的成果。这些模型依托于深度学习算法和大规模图像数据集，能够模拟多种绘画风格，甚至创造出新颖独特的艺术效果。本节将带领读者走进这个神奇的世界，一探国内 AI 绘画技术的最新进展。

当前主流的 AI 绘画工具见表 5-2。

表 5-2 国内 AI 绘画工具合集

AI 绘画工具	功能说明
悠船	悠船是 Midjourney 中国版，生成的图片质量较高。用户只需输入文字描述，AI 即刻创作个性化画作，提供多样风格与调整选项，满足不同水平用户的需求。其智能算法捕捉文字意境，助力艺术家与爱好者释放创意，同时社区功能促进交流分享，构建创意艺术生态
文心一格	这是一个 AI 艺术和创意辅助平台，用户只需输入一段文本描述并选择方向、风格和尺寸，AI 就能根据对文本的理解自动进行画作的创作。该平台提供了多种风格和创作选项，适合不同水平的用户进行创作
通义万相	这个 AI 绘画工具提供了多种应用场景，支持多种风格如水彩、油画、中国画等，并实现了图生图、涂鸦绘画、图像风格迁移以及利用虚拟模特给真人展示商品图等功能。该平台支持用户复用他人的创意，并在新画作中进行调整和创新
Vega AI	这个平台提供了文生图和图生图两种功能。在文生图中，用户可以通过输入文字指令来生成图片；在图生图中，用户可以上传图片并涂抹想要修改的地方，然后输入想要更换的内容来生成新的图片。该平台还提供了放大、优化、二次编辑等操作
奇域 AI	奇域 AI 是一个专注于中式审美的 AI 绘画创作平台，提供丰富的国风绘画风格与功能，如水墨、刺绣等。支持 PC 端与手机端创作，用户可轻松上手并享受创作的乐趣。平台还设有交流社区，促进灵感分享与作品展示，助力创作者探索 AI 艺术的无限可能
Dreamina	Dreamina 可将文字迅速转化为图像，提供文字绘图、扩图、局部重绘等功能。其图像生成速度快，色彩丰富，风格多样，可满足各种创作需求。用户可轻松通过关键词或描述生成精美图片，并进行定制调整。此外，平台还提供丰富的模板和风格选择，一键生成同款图片，其强大的图像编辑功能更增加了创作的灵活性和多样性

这些平台都利用了大模型技术为用户提供高效、便捷的 AI 绘画体验。每个平台都有其独特的功能和优势，我们可以根据自己的需求和喜好进行选择。

5.3.2 案例：把古诗画出来

在语文课教学中，古诗的学习一直是一个重要的环节。然而，传统的古诗教学方式往往局限于文字解读和机械背诵，这样的方式会使学生觉得枯燥无味，更难以真正体会古诗的意境和美感。为此，本节将介绍一种全新的教学方式，即借助 AI 绘画的力量，将古诗中的深邃意境转化为引人入胜的视觉画面，帮助学生更直观地理解古诗的内涵和情感。这种教学方式不仅能够激发学生的学习兴趣和想象力，还能够培养他们的审美能力和文化素养。

本节的案例将借助通义万相这一 AI 绘画平台进行演示。只需简单几步操作，我们就能轻松地把古诗画出来。

1）在网址地址栏输入网址：https://tongyi.aliyun.com/wanxiang/，然后注册并登录账户。

2）选择"创意作画"，进入 AI 绘画界面。通义万相界面如图 5-35 所示。

图 5-35　通义万相界面

3）在"文本生成图像"区域输入指令"朝辞白帝彩云间，超细节，高清，水墨画"，我们可以根据自己的需求在下方选择图片的风格和尺寸，也可以上传自己喜欢的图片供创作大模型参考。

4）选择完毕后单击"生成创意画作"就能得到 AI 生成的作品了。如图 5-36 所示，AI 根据指令生成创意画作。如果对当前生成的图片不满意，则可以单击"再次生成"来获得新的创意画作。使用同样的指令依次生成每句诗对应意境的画作，得到的示例如图 5-37 ～图 5-40 所示。

AI 绘画在教学中的应用具有巨大的潜力和价值。通过简单的几步操作，学生就能够亲眼见证古诗从文字到画面的转变，这种创新的教学方式无疑为古诗教学注入了新的活力。通过结合不同学科的特点和需求，教师可以利用 AI 绘画工具创新教学方式和方法，将书本中的知识以全新的视觉方式呈现出来，激发学生的学习兴趣和创造力，提升他们的学科素养和综合能力。

图 5-36　AI 根据指令生成创意画作

图 5-37　朝辞白帝彩云间

图 5-38　千里江陵一日还

图 5-39　两岸猿声啼不住

图 5-40　轻舟已过万重山

5.3.3 AI 生成思维导图工具导览

思维导图在教学中是一种很有效的思维表达和知识整理工具。然而，传统的思维导图制作方式，如手绘或使用某些专业的绘图软件，不仅制作过程烦琐、耗时，而且在修改和更新时也极为不便，这大大限制了思维导图在教学中的灵活应用。在本节中，我们将介绍一些前沿的 AI 生成思维导图工具，它们能够根据用户的需求智能生成清晰、美观的思维导图，大大提高了我们的工作效率。

当前主流的 AI 生成思维导图工具见表 5-3。

表 5-3 AI 生成思维导图工具合集

AI 生成思维导图工具	功能说明
亿图脑图	根据用户的指令，快速生成符合用户需求的目标图形图表。用户通过与 AI 连续对话，可以不断优化结果。平台上还提供了 AI 一键分析功能，帮助用户轻松检查、润色、续写、总结文本，还可以对图形图表进行异常识别、预测分析等
ChatMind	用户只需在对话框中输入自己的想法，ChatMind 就会根据用户的输入自动创建和更新思维导图。同时，平台还支持用户输入指令来修改和删除思维导图中的节点和关系，提供了非常灵活的编辑功能。此外，平台还可以根据用户的需求提供不同风格和主题的思维导图模板
ChatGPT+TreeMind 树图	ChatGPT 4.0 通过 AI 技术能自动生成思维导图，用户只需输入核心概念和关联信息，即可获得逻辑结构化的导图内容。实际操作时，用户只需向 ChatGPT 提出构建思维导图的需求，如"制作一份关于 Python 编程语言学习的思维导图"，随后将 ChatGPT 返回的文本描述导入支持 Mermaid 等图形语言的工具（如 TreeMind）中即可转化为可视化导图，简化了信息整理过程，显著提高了效率
小画桌	该平台强调其在生成思维导图和流程图方面的能力。用户可以通过简单的输入快速生成高质量的思维导图。这一功能特别适用于需要快速梳理思路和表达想法的场景。与其他平台相比，小画桌更注重实时协作和在线授课等场景的应用

在本节中，我们介绍了 4 款当前主流的 AI 生成思维导图工具，它们各具特色，能够智能、高效地满足用户的不同需求。我们可根据自身的教学场景和具体需求，选择最适合自己的平台，让思维导图的制作更加便捷，为教学注入新的活力。

5.3.4 案例：AI 思维导图的教育应用

AI 生成思维导图是一项亮眼应用，它结合了 AI 的高效计算能力与思维导图的直观展示特点。AI 不仅能迅速分析并整理大量信息，还能根据用户需求，智能地生成结构清晰、逻辑严密的思维导图。AI 生成思维导图大大提高了信息整理和展示的效率，并且通过算法优化，AI 能确保思维导图的准确性和完整性。一些 AI 平台还能根据用户反馈进行实时调整，使得思维导图更加符合个人需求。例如在历史学科中，这一技术的运用能够帮助学生更清晰地把握历史事件的发展脉络和相互关系，使得学生更容易掌握历史的连贯性和复杂性。

本节将以历史学科为例，使用 TreeMind 树图平台智能生成思维导图。读者按照以下几个简单的步骤操作，就能快速生成高质量的思维导图。

1）在网址地址栏输入网址：https://shutu.cn/，然后注册并登录账户。TreeMind 树图界面如图 5-41 所示。

图 5-41　TreeMind 树图界面

2）在文本框中输入需求"解析辛亥革命的背景、原因、过程、结果及影响"，选择"智能生成"，等待平台生成思维导图。如图 5-42 所示，TreeMind 树图智能生成思维导图。

3）根据自己的想法直接修改对应的文字，在右侧选项栏中可以调整思维导图的样式、骨架、配色以及画布。如图 5-43 所示，修改思维导图。

AI 生成思维导图在教育领域的应用不仅提高了教学效率，还能帮助学生更清晰地理解和记忆复杂知识。例如，在历史课堂中，这一技术能使学生快速把握历史事件和概念之间的内在联系。

然而，我们也应注意，虽然 AI 生成了高质量的思维导图，但学生仍需独立思考和深入理解图示内容，避免过度依赖技术而忽视了真正的学习过程。只有合理利用这一工具，才能更好地发挥其辅助教学的作用。

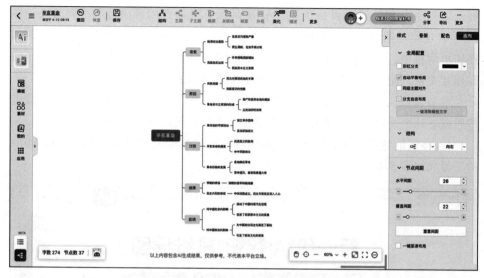

图 5-42　TreeMind 树图智能生成思维导图

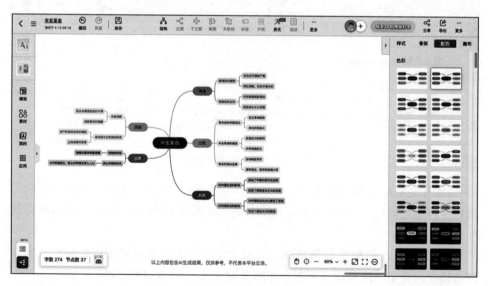

图 5-43　修改思维导图

5.4　赋能教师科研论文

教育科研作为教师职业发展的重要组成部分，对于提升教学质量、推动教育改革具有举足轻重的作用。然而，传统的教育科研方法往往耗时费力，难以应对日益增长的信息量和复杂性。随着 AI 技术的崛起，AI 正成为教师开展教育科研的得力助手。通过智能分析、数据挖掘和自然语言处理等功能，AI 能够极大地简化文献检索、综述撰写和论文写作等流程，帮助教师更高效、精准地完成教育科研任务。本节将深入探讨 AI 如何在教育科研的各个环节赋能教师，助力他们提升研究能力和学术成果的质量。

在接下来的内容中，我们将介绍 AI 如何帮助教师读取和分析文献、快速完成文献综述以及辅助论文写作，展现 AI 技术在教师教育科研中的巨大应用潜力。

5.4.1 AI 整理文献要点

身为一线教师，在进行课题研究时，你是否常常为大量的文献阅读任务感到力不从心？在面对堆积如山的文献资料时，你是否曾渴望有一个得力的助手，能帮你分担这份繁重的阅读任务？现在，AI 文献阅读工具就像是你的私人助手，能迅速从海量文献中筛选出与你的教学、科研相关的资料。这些工具不仅可以精读文章内容，还能自动生成摘要，让你能够在短时间内快速把握文献的核心要点，从而更有效地进行后续的教学和研究工作。

下面将以 Kimi 为例，介绍 AI 在帮助整理文献上的作用。Kimi 等 AI 工具的出现，极大地缓解了教师在文献阅读和整理方面的压力。通过自然语言处理和机器学习技术，这些工具能够智能地分析文献内容，根据用户的需求提供精准的信息提取和摘要生成服务。更重要的是，Kimi 等工具还支持针对文献的提问，并能给出智能回答。这意味着，当你在阅读过程中遇到疑问或需要深入探讨某个问题时，只需向 Kimi 提问，它就能迅速给出相关解答，帮你发现新的教学思路和科研灵感。只需简单几步，就能让 Kimi 发挥智能文献阅读的功能。

1）打开 Kimi 网站（https://kimi.moonshot.cn/），单击右上角的"登录"按钮（可直接用微信扫码登录或用手机号注册账户）。Kimi 网站界面如图 5-44 所示。Kimi 也有手机版，读者可以自行体验探索。

2）将待阅读的文献文件拖入网页中（也可以将文献的网址输入文本框中），等待 Kimi 阅读文献。上传文献如图 5-45 所示，Kimi 整理文献的结果如图 5-46 所示。

3）根据自己对这篇文献的疑问，在文本框中进行提问，如图 5-47 所示。例如：在这个文献中，教育领域的应用场景具体是怎么样的？

在传统方式下，教师需要花费大量时间手动筛选、阅读和整理文献。而现在，有了 Kimi 的协助，这些烦琐的工作都能被快速而准确地完成，使教师能够将更多精力投入真正的教学和科研创新中去。这类 AI 文献阅读工具通过智能分析和精准提取信息，极大地减轻了教师的阅读负担，提高了工作效率。

图 5-44　Kimi 网站界面

图 5-45　上传文献

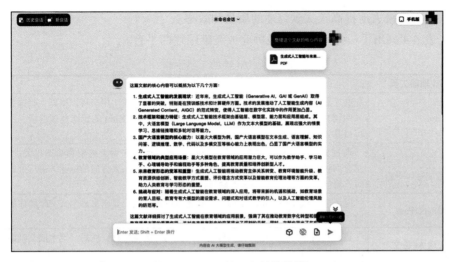

图 5-46　Kimi 整理文献的结果

图 5-47　针对文献进行提问

5.4.2　AI 辅助文献综述

在撰写学术论文或进行深入研究时，文献综述是一个必不可少的环节。然而，手动整理和分析大量的文献资料不仅耗时，而且容易出错。随着 AI 技术的飞速发展，越来越多的学者和研究人员开始尝试利用 AI 技术来辅助完成文献综述的工作。AI 技术能够通过智能分析和归纳整理，帮助教师快速完成文献综述。它不仅能够提取文献中的关键观点和论据，还能自动生成结构清晰、逻辑严密的综述报告，极大地提高了文献综述的质量和效率。

表 5-4 列出了一些可以帮助教师完成文献综述的平台。

表 5-4 AI 辅助工具合集

AI 辅助工具	功能说明
Kimi	在平台上输入研究主题，获取智能推荐的文献列表。用户可以浏览、筛选并深入阅读相关文献，快速提取关键信息。最后，借助 Kimi 的智能整理功能，用户可以高效整合文献内容，生成结构清晰的文献综述
文心一言 + 知网 AI 智能写作平台	通过文心一言构思大纲，再在知网 AI 智能写作平台上搜索和筛选相关内容。结合两种资源，快速撰写出包含研究现状、观点和未来方向的综述。最后进行校对、修改和审查，确保内容准确且符合学术规范
AIPaperPass	除了能生成完整的论文结构外，它还可以根据用户要求自动生成文献综述的内容。同时，它还具备语法纠错和排版功能
文途 AI 论文	这款在线工具允许用户输入标题、关键词等关键信息，然后一键生成文献综述的草稿或框架
掌桥科研	该平台拥有庞大的文献资源库，提供一键跨库检索和直接本地获取的服务。用户可以快速找到所需的文献，并利用 AI 技术生成相应的文献综述

以 Kimi 平台为例，如果你是一名小学数学老师，此时正在进行一项基于核心素养的小学数学校本课程设计与实践的课题研究，跟随以下步骤，你就能轻松完成课题论文的文献综述部分。

1）打开 Kimi 网站，单击右上角的"登录"按钮。

2）输入指令"你是一名小学数学老师，此时正在进行一项基于核心素养的小学数学校本课程设计与实践的课题研究，请推荐相关的文献。"，然后等待 Kimi 推荐相关文献。如图 5-48 所示，Kimi 推荐相关文献。

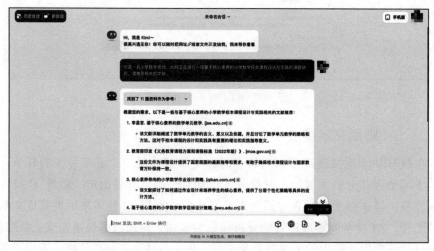

图 5-48 Kimi 推荐相关文献

3）根据文献的介绍，用户可选择想要进一步了解的文献进行提问，如输入指令"整理第7篇文献《核心素养下小学"趣味数学"校本课程开发与实践》的核心内容"。如图 5-49 所示，获取指定文献的核心内容。

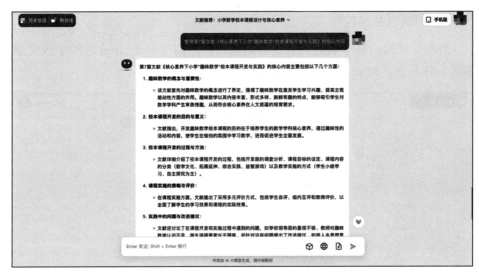

图 5-49 获取指定文献的核心内容

我们也可以在文献列表中打开某篇文献的来源链接自主阅读。如图 5-50 所示，打开推荐文献的链接。

图 5-50 打开推荐文献的链接

4）在充分阅读相关文献后，我们可以输入指令获取文献综述的大纲。

指令示例：

现在你需要书写一篇展示本课题成果的论文，请根据以上推荐的文献列出论文中文献综述部分的大纲。

若对生成的内容不满意，我们可以输入修改的方向让 Kimi 继续生成大纲。如图 5-51 所示，Kimi 生成文献综述大纲。

图 5-51　Kimi 生成文献综述大纲

5）确定了文献综述的大纲之后，输入指令"请你根据以上的大纲，参考前面相关文献的内容，写出文献综述的引言部分"，获得文献综述的内容。请注意，考虑到篇幅限制，笔者建议分部分生成文献综述。如图 5-52 所示，Kimi 生成文献综述的内容。

若对生成的内容不满意，我们可以根据自己的想法输入对应的指令让 AI 重新生成，例如："请修改引言的内容，要体现出《义务教育课程方案和课程标准（2022 年版）》提及的内容。"如图 5-53 所示，Kimi 修改文献综述。

请注意，尽管这些 AI 工具可以大大提高文献综述的生成效率，但我们也需要注意到，目前的 AI 技术还存在一定的局限性，生成的内容仍然需要用户结合自己的专业知识和思考进行仔细的审查和修改，以确保其质量和准确性。同时，在使用这些工具时，也应注意保护个人信息和学术成果的安全，并遵守学术规范和诚信原则。

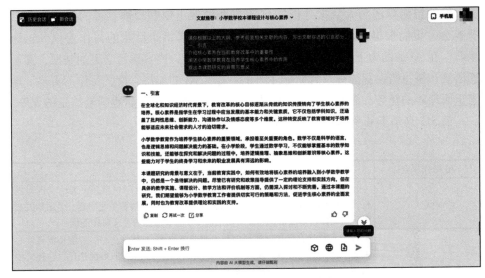

图 5-52　Kimi 生成文献综述的内容

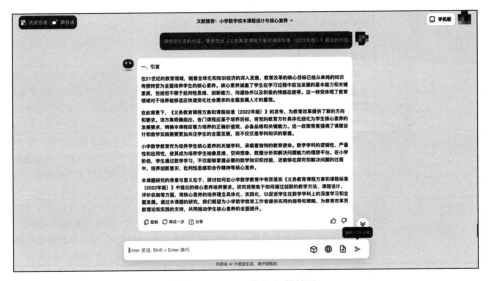

图 5-53　Kimi 修改文献综述

5.4.3　AI 助力论文写作

论文写作，作为教育科研的精髓与最终展现，对许多教师而言，是一次学术上的挑战。随着科技的飞速发展，AI 技术为这一传统领域注入了新的活力。在论文写作的整个流程中，从初步的选题构思到最终的文稿润色，AI 都能为我们提供助力。

借助智能算法与大数据分析，AI 不仅能挖掘出那些易被忽视的研究点和创新机会，更能根据作者的研究习惯和领域特点，提供个性化的写作建议。这意味着，在 AI 的助力下，论文的框架设计将更加合理，内容撰写会更加精准，甚至连语法和拼写错误都能被及时捕捉并纠正。有了 AI 的加持，论文写作不再是一项繁重而琐碎的任务，而是变得更加轻松、高效，且论文的质量也会有一定的保障。

表 5-5 列举了 6 个具有辅助论文写作功能的 AI 平台。

表 5-5 AI 辅助论文写作平台合集

AI 写作平台	功能说明
ChatGPT	运用强大的自然语言处理能力，ChatGPT 能理解用户意图，为论文撰写提供段落构思、观点阐述、逻辑梳理等支持。它还能解答专业问题、引用相关文献，协助修订语法错误和提升表达清晰度，显著加快论文写作进程
文心一言	作为一款具有语义理解与创新生成功能的 AI 工具，文心一言擅长提炼核心概念、构建理论框架，并以富有表现力的语言撰写引人入胜的论述。它还可根据用户需求调整文风，确保兼顾学术规范与阅读吸引力，助力用户产出高质量论文
通义千问	通义千问融合大规模知识图谱与深度学习技术，能够精准识别用户在论文写作中的需求，如主题拓展、文献检索、数据解析等。它能自动生成连贯的文本片段，协助构建严谨的论证逻辑，并通过实时反馈进行内容优化，提升论文的专业性和信息密度
Kimi	Kimi 专为学术写作场景打造，提供从选题咨询、文献调研到大纲规划、章节草拟的一站式服务。其 AI 助手可进行深度对话，引导用户挖掘新颖视角、构建有力论据，并运用智能校对功能确保论文符合学术规范，有效提升论文的整体质量和完成速度
Paperpal	Paperpal 专注于论文的智能化辅助，利用 AI 算法快速梳理研究背景、精准归纳文献观点、自动生成参考文献列表，并能依据用户输入的内容自适应地提出结构建议和改进建议。其内置的抄袭检测功能有助于确保论文的原创性，而语言润色服务则有助于提升论文的可读性
笔灵 AI 写作	笔灵 AI 写作平台整合了智能构思、素材推荐、自动摘要及全文生成等多种功能，旨在为用户提供全方位的论文创作支持。用户只需输入关键词或提纲，AI 即可快速生成初步内容，后续还可根据用户反馈进行深度定制和精细化修改，确保论文内容的准确性和逻辑严密性，极大地减轻了用户的写作负担

下面继续以 Kimi 平台为例，介绍 AI 在教育论文写作的各个环节中提供的辅助作用。如果你是一名小学数学教师，正在进行一项小学数学教学模式改革相关的课题研究，当需要撰写论文时，你可以借助 Kimi 完成以下几项任务。

1. 文献检索与阅读

❑ 提供快速抓取和筛选教育领域，尤其是小学数学教育相关的最新研究成果，生成文献摘要，帮助教师迅速把握学术动态。

❑ 对海量文献进行深度阅读和理解，提取关键观点和数据，为教师撰写论文
提供坚实的研究基础。

指令示例：

请帮我查找最近五年内关于小学数学教学模式改革的相关文献，并提炼
主要观点。

文献检索与阅读指令的生成结果如图 5-54 所示。

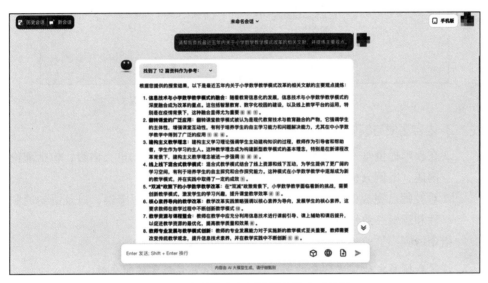

图 5-54　文献检索与阅读指令的生成结果

2. 研究设计与论文架构

协助构建论文框架，包括但不限于引言、文献综述、研究方法、数据分析、
结果讨论、结论和建议等部分。

根据教师的教学实践和研究目标，给出针对性的研究设计方案和论文整体布
局建议。

指令示例：

请为我生成一篇关于"小学数学探究式教学法的应用与效果分析"主题的论
文大纲。

注意，若已有确定的主题，则可将上述指令细化。

研究设计与论文架构指令的生成结果如图 5-55 所示。

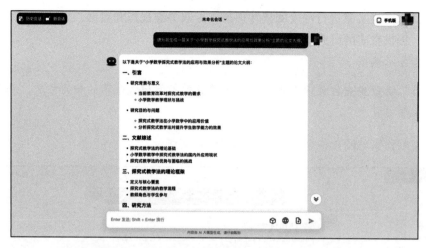

图 5-55 研究设计与论文架构指令的生成结果

3. 内容生成与编辑

❑ 在教师提供基本思路和要点后，Kimi 可以生成初步的论文内容，包括理论阐述、案例分析、教学策略等内容。

❑ 对教师已完成的初稿进行智能校对，检查语法、拼写错误，以及语句通顺性和逻辑一致性。

指令示例：

请帮我撰写文献综述部分的第一段，强调探究式教学的重要性。

内容生成与编辑指令的生成结果如图 5-56 所示。

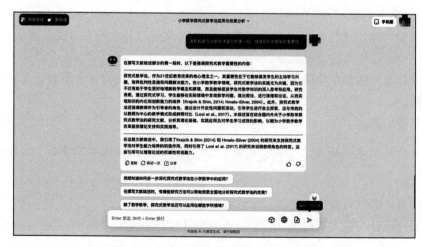

图 5-56 内容生成与编辑指令的生成结果

4. 数据处理与可视化

若涉及实证研究，Kimi 可以帮助整理、分析收集到的数据，并生成图表，使复杂的教学数据更直观易懂。

指令示例：

我已经收集了学生的数学成绩，请帮忙分析使用探究式教学前后成绩的变化趋势，并以图表形式呈现。

注意，在给出此指令之前，需先让 Kimi 阅读收集到的数据。

5. 引用管理与格式规范

自动管理参考文献，按照指定的引用格式（如 APA、MLA 等）生成正确的引用和参考文献列表，确保论文格式符合学术规范。

指令示例：

请按照 APA 格式调整这篇论文的引用和参考文献列表。

注意，笔者建议在发送此指令前，先给 Kimi 上传相应的附件并发送指令"请阅读本论文的参考文献"，让 Kimi 阅读附件的参考文献列表。

6. 反馈与修订

Kimi 能提供交互式的写作指导，教师可随时与 Kimi 进行讨论，针对论文的各个部分获取修改意见和内容深化建议。

指令示例：

请阅读这篇论文的内容，并给出优化建议。

5.4.4 AI 论文写作工具

在 AI 赋能教育的征途上，Kimi 平台以其独特的持续问答功能，率先引领我们感受了论文撰写的新风尚。而今，随着技术进步，诸多平台竞相推出集大成者的论文写作工具，它们巧妙地融合智能生成、逻辑精雕与文献自动化整合等尖端功能，不仅大幅削减了烦琐的写作步骤，更显著提升了学术成果的深度。这不仅是学术创作的加速器，更是激发灵感的智慧火花，本小节深刻展示了 AI 如何全面革新论文写作的每一个环节，引领我们迈入一个学术探索与创作效率并进的全新时代。下面将以 Kimi 平台的辅助写作工具为例子，介绍这类工具的使用。

1）打开 Kimi 网站（https://kimi.moonshot.cn/），登录账户。

2）单击界面左侧"Kimi+"的图标，进入定制化 AI 工具界面，如图 5-57 所示。

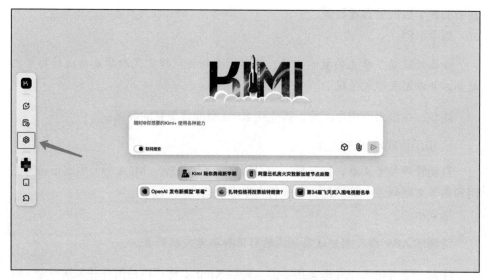

图 5-57 选择"Kimi+"的图标

3）在 AI 工具界面中找到"辅助写作"的类别，我们选择"论文写作助手"进行体验，如图 5-58、图 5-59 所示。

图 5-58 辅助写作工具

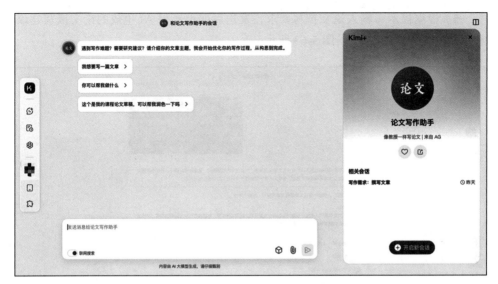

图 5-59　论文写作助手

　　4）在助手界面中，我们可以直接根据提示进行使用。输入"我想要写一篇文章"的指令，即可得到 AI 的提问帮助，如图 5-60 所示。

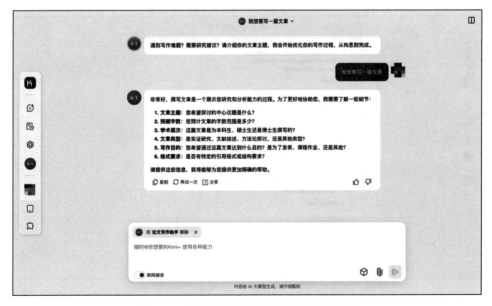

图 5-60　输入"我想要写一篇文章"的指令

5）根据提示，输入论文撰写要求，发送后即可获得 AI 生成的论文撰写建议和草稿内容，如图 5-61～图 5-63 所示。

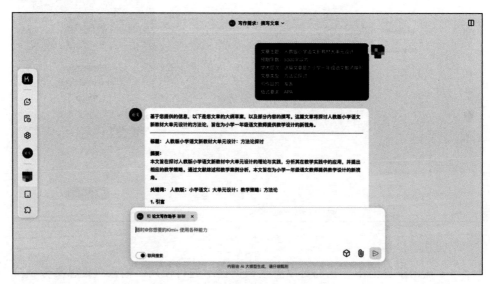

图 5-61 根据提示输入论文撰写要求

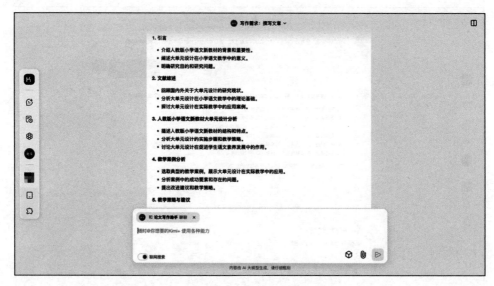

图 5-62 AI 生成论文撰写建议

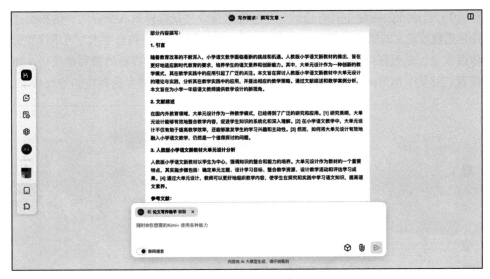

图 5-63　AI 生成论文草稿内容

6）阅读 AI 生成的内容后，我们可以根据自己的想法进一步发送指令，以获得更符合自身要求的内容。如图 5-64 所示，发送指令"请根据我的要求，给我推荐几个合适的论文标题。"

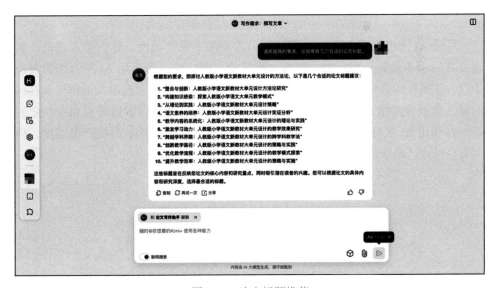

图 5-64　论文标题推荐

7）若推荐的标题中有合适的，可以发送指令"我选择第八个标题，请根据这个标题修改论文的撰写建议与内容。"（如果 AI 生成的标题不符合要求，可继续发送修改指令，直到有可使用标题），如图 5-65 所示。同理，获得新的撰写建议后，如果我们对某一部分的内容不满意，仍然可以根据自己的想法发送对应的修改指令。

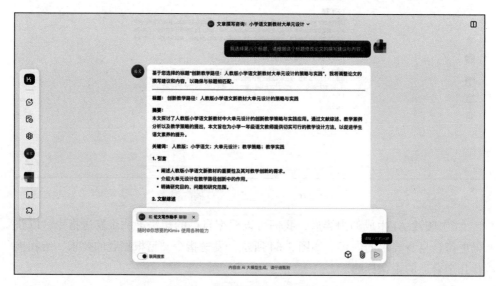

图 5-65　根据标题修改论文内容

尽管 AI 能带来诸多便利，但教师仍需发挥主观能动性，尊重学术规范，展现自身的学术素养与判断力。教师在撰写论文时，应适当运用 AI 平台作为辅助手段，注重保持独立思考与学术诚信。AI 能高效整合资源、提出大纲建议和初稿内容，但教师需结合自身专业知识，对 AI 提供的信息进行审慎辨别和个性化创新。在利用 AI 进行语法校对、数据分析的同时，教师应务必秉持严谨态度，核实每项结论，确保内容的原创性和真实性。

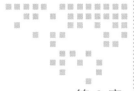

第 6 章 *Chapter 6*

AI 玩转教育音视频

AI 正以惊人的速度改变我们的教学方式。从智能语音合成，到自动化音乐创作，AI 音频应用为教学注入了新的活力。同时，AI 视频应用不仅能极大地简化教师制作微课的流程，更能让课堂内容变得生动且富有吸引力。

在本章中，我们将共同探索 AI 音视频工具的神奇世界。我们将深入了解这些工具如何助力教师轻松打造高质量的音视频教学内容，以及它们如何为课堂教学增添更多的趣味性和互动性。让我们一同领略 AI 技术引领下的教育革新，共同开启智能化教学的新时代。

本章主要涉及的知识点：

❑ AI 音频应用。

❑ AI 视频应用。

6.1 AI 音频应用

AI 音频工具在教师制作微课、配音、创作方面的作用显著，它们能智能合成语音，为微课快速配音；提供多样的音色选择，丰富创作内容；智能识别文本情感，使配音更自然生动，从而极大地提升教师的工作效率与创作质量。

6.1.1 AI 音频工具导览

AI 音频工具是一类利用 AI 技术来处理和生成音频的工具。这些工具能够执行各种任务，如音频编辑、语音合成、音乐创作等。

表 6-1 列出了一些常见的 AI 音频工具及其功能说明。

表 6-1 AI 音频工具导览

工具名称	功能说明
微软 Azure 语音服务	提供基于云的语音识别和语音合成功能，支持多种语言和方言，可集成到各种应用中实现智能语音交互
剪映	抖音官方推出的视频编辑工具，内置 AI 配音功能，可以将文字转换为语音，并支持多种音色和语调选择，方便用户快速为视频添加配音
必剪	一款功能强大的视频剪辑软件，支持语音合成功能，用户可以将文字转换为语音，为视频添加解说词或旁白
魔音工坊	一款专业的音频编辑软件，提供文字转语音、语音合成、音频剪辑等功能，支持多种语言和方言，适用于广播、电视、广告等媒体制作
讯飞听见	科大讯飞推出的语音转文字及多语种翻译软件，同时也提供语音合成功能，可以将文字转换为自然流畅的语音输出

6.1.2 AI 歌曲生成，助力音乐教师教研

在音乐教学中，AI 生成歌曲成为一种新兴的教学工具，为音乐教师提供了更加高效、便捷的教研方式。

AI 生成歌曲，即利用 AI 技术，通过算法和数据分析自动生成歌曲，在音乐教学中可以发挥重要作用。以下是几个具体的案例，展示了 AI 生成歌曲如何助力音乐教师进行教学。

案例一：风格探索与模仿

在某高中的音乐鉴赏课上，教师希望学生了解并体验不同的音乐风格。然而，寻找和准备各种风格的音乐作品需要大量时间。于是，教师利用 AI 生成歌曲工具，快速生成了包括爵士、摇滚、古典、流行等多种风格的音乐片段。在课堂上，学生通过聆听和比较这些 AI 生成的歌曲，对不同音乐风格有了直观的认识，并进行了模仿演唱和创作。

案例二：个性化教学辅导

一位小学音乐教师发现，她的学生在音乐节奏掌握上存在较大差异。为了帮助学生更好地把握节奏，她利用 AI 生成歌曲工具，为每个学生定制了符合其节奏感知能力的练习曲目。这些歌曲不仅包含了学生熟悉的旋律，还根据他们的节奏难点进行了调整。通过反复练习这些定制的歌曲，学生的节奏感知能力得到了显著提升。

案例三：创作激发与评估

在一所大学的音乐创作课程中，教师要求学生创作一首具有特定情感表达的歌曲。为了激发学生的创作灵感，教师利用 AI 生成歌曲工具提供了一些情感标签（如"欢快""悲伤""思念"等），并生成了相应的歌曲片段作为示范。学生在聆听这些 AI 生成的歌曲后，受到了启发并完成了自己的创作。同时，教师还利用 AI 技术对学生的作品进行了客观评估，提供了有针对性的反馈和建议。

通过以上案例可以看出，AI 生成歌曲在音乐教学中具有以下优势。

❑ 节省时间成本：教师可以快速生成大量歌曲，减少了寻找和筛选素材的时间，从而更专注于教学设计和实施。

❑ 灵活定制：AI 生成歌曲可以根据教学需求进行定制，满足不同学生的学习需求和兴趣点，实现个性化教学。

❑ 创新教学方式：AI 生成歌曲为教师提供了全新的教学手段和工具，有助于激发教师的教学创新思维，提升教学质量和效果。

尽管 AI 生成歌曲在音乐教研中展现出巨大的潜力，但仍面临一些挑战，如技术的成熟度、版权问题以及教师对新技术的接受度等。未来随着技术的不断进步和教育理念的更新，我们期待 AI 生成歌曲能够在音乐教研中发挥更加重要的作用，为培养具有创新精神和实践能力的音乐人才贡献力量。同时，教育界也需要积极探索如何更好地将 AI 技术与音乐教育相结合，推动音乐教育事业持续发展。

6.1.3　案例：AI 跨学科打造"历史之声"

1. 案例背景

在历史教学中，往往存在学生难以身临其境感受历史氛围的问题。为了使学生能够更直观地感受历史，并增加课堂的趣味性，本案例将 AI 音乐生成技术与历史教学相结合，让学生通过音乐回到历史现场，更深刻地理解历史事件。

2. 教学目标

利用 AI 生成音乐，帮助学生更好地理解某一历史时期的文化和氛围，激发学生学习历史的兴趣，培养学生的创新思维和跨学科学习能力。

3. 教学内容与步骤

（1）导入

❑ 教师播放一段由 AI 生成的、模仿古代风格的音乐，问学生："你们觉得这段音乐可能属于哪个历史时期？"

❑ 学生讨论并猜测，教师揭示答案，并简要介绍 AI 如何模仿古代音乐风格。

（2）历史知识讲解

❑ 教师选择一个具体的历史时期（如唐朝），介绍该时期的背景、文化、艺术特点等。

❑ 教师进一步展示该时期的音乐器具、乐谱和相关的历史故事。

（3）AI 音乐生成实践

❑ 教师向学生展示如何使用 AI 工具生成音乐，并选择相应的风格来创作音乐。

❑ 学生分组，每组选择一个历史时期（如汉朝、唐朝、宋朝等），利用 AI 技术生成符合该时期风格的音乐。

（4）历史情景剧

❑ 每组学生根据所选历史时期，编写一个简短的历史情景剧脚本，内容可以是该时期的一个小故事或事件。

❑ 学生利用生成的 AI 音乐作为背景音乐，进行情景剧表演。

（5）分享与交流

❑ 每组学生表演完情景剧后，分享创作过程中的经验、困难和乐趣。

❑ 其他学生和教师进行点评，讨论音乐如何增强历史情景的代入感。

（6）课堂总结

教师总结本节课的学习内容，强调音乐在历史文化中的重要性。

（7）布置作业

让学生回家后尝试用 AI 生成自己家乡或感兴趣的历史时期的音乐，并写下对该时期文化的理解和感受。

4. 教学评价

通过学生的参与度、情景剧的表演质量、AI 音乐的选择与创作等方面来评价教学效果。

5. 教学资源与建议

❑ 教师可以提前准备 AI 音乐生成工具和相关的历史资料。

❑ 教师可以邀请音乐老师或专业人士进行技术指导，确保 AI 生成音乐的准确性和与历史风格的贴合度。

❑ 教师在教学过程中应注意引导学生理解历史文化的多样性，避免对历史产生刻板印象。

6. 教学意义

通过这样的教学案例，学生不仅能够更直观地了解历史文化和氛围，还能通过对音乐的创作和表演，提升自己的跨学科学习能力，培养创新思维。同时，这种新颖的教学方式也有助于激发学生对历史的学习兴趣和热情。

6.2　AI 视频应用

AI 视频编辑工具可以自动化处理视频素材，如智能剪辑、特效生成等，大大减少教师在视频制作上的时间和精力投入。教师可以更专注于教学内容的设计和传授，从而提升教学效率。

6.2.1　AI 视频编辑工具导览

AI 视频编辑工具不仅为用户提供了前所未有的便利，更将烦琐的后期制作流程化繁为简。它能够自动分析视频内容，智能匹配背景音乐与转场效果，让视频的节奏与情感表达自然流畅。同时，强大的 AI 算法还能根据用户偏好推荐素材与风格，助力用户打造个性化的视频作品。无论是社交媒体分享、企业宣传还是个人创作，AI 视频编辑工具都是我们不可或缺的创意伙伴。AI 视频编辑工具导览见表 6-2。

表 6-2　AI 视频编辑工具导览

工具名称	主要特点与功能	用户群体
Magisto	提供智能编辑、自动解析素材等功能，拥有海量素材库、模板库、音乐库，可以简化剪辑流程，适合初学者快速制作视频	适合需要快速剪辑和制作高质量视频的用户，特别是初学者和希望快速产出视频内容的创作者
爱剪辑	全能视频剪辑软件，集导入、剪辑、编辑、特效、音乐和导出于一体，支持 AI 自动加字幕，能够识别多国语言和方言，支持调色、去水印、横屏转竖屏等	适合对字幕有需求的用户，以及希望将手机拍摄的视频制作成精美短片的创作者
Adobe Premiere Rush	专业性较强的视频剪辑软件，提供全面的剪辑工具和高级特效，与 Adobe 其他软件高度兼容，支持多种格式的素材	适合对视频要求较高的专业用户，特别是需要高级剪辑功能和特效的创作者
犀牛剪辑	专业的 AI 智能批量视频剪辑软件，操作界面简洁清晰，适合新手使用，采用高级去重算法，支持批量生成短视频	适合有批量视频剪辑需求的用户和 MCN 机构，特别是探店、带货等需要高产出的场景
剪映	抖音官方出品，支持手机端和 PC 端，拥有强大的 AI 剪辑功能，如一键成片、图文成片、营销成片等，适合电商广告制作	适合各类视频创作者，特别是需要快速生成营销广告的电商从业者

（续）

工具名称	主要特点与功能	用户群体
一帧秒创	一站式智能 AI 内容创作平台，提供文字续写、文字转语音、文生图、图文转视频等服务，拥有秒创数字人、秒创 AI 帮写等创新产品	适合需要高效制作创意视频的创作者，支持多种内容形式的转换和创作
快剪辑	拥有强大的云端剪辑能力，支持在线去水印、录屏、录音等功能，智能工具箱包含多种 AI 工具，如文本剪视频、AI 数字人、智能去字幕等	适用于电商营销、内容营销、短视频创作等场景，为有视频剪辑需求的中小机构或个人提供一站式服务

接下来，笔者将以剪映为例，具体介绍 AI 视频编辑工具的强大功能。

剪映是一款功能强大的视频编辑工具，适合各种水平的用户使用。它拥有简洁直观的操作界面和丰富的编辑工具，可以帮助用户轻松剪辑和美化视频（如图 6-1）。无论是添加滤镜、音效，还是制作字幕、转场效果，剪映都能快速实现，让视频制作更加高效有趣。剪映界面（PC 版）如图 6-1 所示。

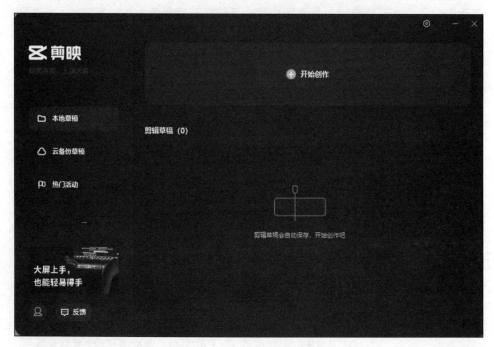

图 6-1　剪映界面（PC 版）

（1）下载方式

打开浏览器，进入剪映官网（https://www.capcut.cn/），系统会根据计算机的类型自动匹配相应的版本,我们只需单击"立即下载"按钮,下载完成后根据提示进行安装即可。

（2）面板介绍

音视频编辑界面分为素材面板、播放器面板、时间线面板及功能面板4个区域,如图6-2所示。

图6-2 剪映音视频编辑界面

❑ 素材面板主要用于放置本地素材及剪映自带的海量线上素材。图中添加了一段素材到素材面板中。

❑ 播放器面板可以预览本地素材,也可以预览素材库中的素材。

❑ 时间线面板可以对素材进行基础的编辑操作,比如将素材导入时间线中,左右拖动白色裁剪框即可裁剪素材,也可以通过拖动素材调整素材的位置及轨道等。

❑ 功能面板通过点选素材来激活,可以对素材进行放大、缩小、移动和旋转等更高阶的操作。

（3）导出视频

编辑完成后单击右上角的"导出"按钮即可。

（4）快捷键设置

剪映除了拥有强大的编辑功能之外,还设置了很多快捷键,让剪辑更加高效，可以单击编辑界面右上角的快捷键图标，详细查看快捷键的具体功能。并且，熟悉操作之后，用户还可以自行设定自己习惯的快捷键模式。

6.2.2 剪映剪辑视频的全流程

（1）启动与界面熟悉

当我们首次打开剪映软件时，会被其直观且用户友好的界面所吸引。主界面被清晰地分为几个区域，如预览窗口、时间线、素材库和工具栏。

（2）导入素材

通过单击"导入"按钮，将存储在设备上的视频、图片和音频文件添加到素材库中。这些素材将是剪辑视频的基础。

（3）创建新项目

在素材库中选择我们想要剪辑的视频素材，然后将其拖放到时间线上，或者单击右键选择"添加到时间线"。此时，我们可以开始创建一个新的视频项目。

（4）基本剪辑

在时间线上，我们可以对视频进行基本的剪辑操作，如切割、删除、复制和粘贴。使用工具栏中的"切割"工具，可以将视频分割成多个片段，然后删除不需要的片段或调整片段的顺序。

（5）添加转场效果

为了使不同片段之间的过渡更加自然和流畅，我们可以在片段之间添加转场效果。剪映提供了多种转场效果，用户只需将它们拖放到时间线上相应的位置即可。

（6）音频处理

在剪映中，我们可以对视频的音频进行详细的处理，不仅可以调整音频的音量、添加背景音乐或音效，还可以为视频录制旁白。

（7）添加字幕和贴纸

为了增强视频的信息量和观赏性，我们可以在视频中添加字幕和贴纸。使用剪映的字幕工具，我们可以轻松地在视频中添加和编辑字幕，同时还可以从素材库中选择各种贴纸和图形元素来装饰视频。

（8）应用滤镜和调色

剪映提供了丰富的滤镜和调色工具，可以帮助改变视频的整体色调和风格。我们可以尝试不同的滤镜效果，或者使用调色工具对视频的亮度、对比度和饱和度等参数进行微调。

（9）预览与导出

在完成所有剪辑操作后，我们可以点击预览按钮查看最终效果。如果满意，就可以选择导出视频了。在导出设置中，我们可以选择视频的分辨率、格式和质量等参数，最后单击"导出"按钮，等待剪映将视频项目渲染成最终的视频文件。

如图 6-3 所示，通过 9 个步骤，我们掌握了使用剪映软件剪辑视频的全流程。无论是家庭旅行纪念、朋友聚会记录还是个人创意表达，剪映都能帮助我们轻松实现。

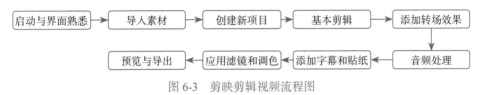

图 6-3　剪映剪辑视频流程图

6.2.3　AI 快速添加视频字幕

在视频制作中，字幕的重要性不言而喻。它们不仅为观众提供了额外的信息，还能确保内容在各种环境下都能被清晰理解。而剪映作为一款功能强大的视频编辑软件，其快速添加字幕的功能尤为出色。

- ❑ 操作简便：打开剪映后，我们可以轻松导入需要编辑的视频。在编辑界面，找到"字幕"功能选项，单击进入。我们可以选择手动输入字幕，也可以选择自动识别视频中的语音并转换为字幕，这为快速添加字幕提供了极大的便利。
- ❑ 精准识别：剪映的语音识别技术相当成熟，能够准确地将视频中的对话或旁白转换为文字，并自动添加到相应的时间轴上。这大大节省了手动输入的时间，提高了工作效率。
- ❑ 个性化设置：在剪映中，我们不仅可以调整字幕的字体、大小、颜色等基本属性，还可以为字幕添加背景、阴影等特效，使其更加醒目和美观。这些个性化的设置可以让视频字幕更加符合整体风格。
- ❑ 实时预览与调整：在添加字幕的过程中，我们可以实时预览效果，并根据需要进行调整。这样能够实现在最短时间内得到满意的结果。
- ❑ 提升观看体验：通过为视频添加字幕，我们不仅可以让观众在任何环境下都能轻松理解内容，还能为那些听力受损或语言障碍的观众提供更好的观看体验。

剪映的快速添加字幕功能为视频制作带来了极大的便利和效率提升。无论是专业的视频编辑者还是普通的视频爱好者，都能通过这一功能轻松地为视频添加精美、个性化的字幕。智能识别字幕如图 6-4 所示。

图 6-4 智能识别字幕

6.2.4 AI 抠像生成虚拟背景

在视频制作中，抠像技术是一种常用的特效处理手段，它能够将人物或物体从原始背景中分离出来，并放置到新的背景中。而剪映作为一款功能强大的视频编辑软件，其抠像功能为用户提供了轻松生成虚拟背景的可能。

使用剪映的抠像功能，我们只需上传视频素材，并选择需要抠像的部分。软件会自动识别并分离出前景元素，如人物或物体。接下来，我们可以从剪映提供的丰富背景库中选择一个喜欢的虚拟背景，或者上传自己的背景图片，然后将抠像后的前景元素放置到新的背景中，即可生成一个带有虚拟背景的视频。

剪映的抠像功能采用了先进的图像识别和处理技术，以确保抠像的准确性和边缘的平滑度。同时，剪映还提供了多种抠像模式和参数调整选项，以满足不同场景和需求下的抠像要求。

除了抠像功能外，剪映还提供了丰富的视频编辑工具和特效，如切割、拼接、转场、滤镜等。我们可以结合这些功能，对生成的虚拟背景视频进行进一步的编辑和美化，以达到更好的视觉效果。

总之，剪映的抠像功能为用户提供了一个简单而高效的方式来生成虚拟背景视频。无论是制作个人创意视频、家庭旅行纪念还是专业影视，这一功能都能为我们的作品增添更多的趣味和创意。视频虚拟背景如图 6-5 所示。

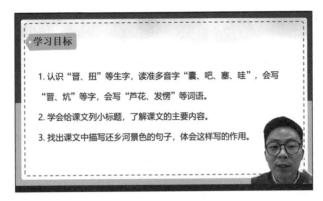

图 6-5　视频虚拟背景

6.2.5　AI 数字人为视频增色

1. 剪映数字人

剪映的数字人工具是一项颇具创新的功能，它利用先进的技术，如 AI、语音识别与合成、表情与动作捕捉等，为用户提供了一个创造个性化数字人形象的平台。用户可以通过简单的操作，选择或定制一个数字人，为其添加文案、调整音色，并将其放置到各种背景中。这个数字人不仅可以模仿真实人类的动作和表情，还能配合音频进行讲话，为用户的视频作品增添独特的魅力。视频中的 AI 数字人如图 6-6 所示。

图 6-6　AI 数字人

2. 剪映数字人制作步骤

（1）导入视频

首先打开剪映专业版，然后导入想要编辑的视频文件。

（2）添加文本

在剪映专业版中，单击"文本"按钮添加一个默认文本，编辑好想要数字人表达的文本内容。

（3）添加数字人

编辑好文本内容后，单击右上角的"数字人"选项。在出现的数字人选择界面中，我们可以浏览并选择剪映提供的内置数字人形象。选择一个合适的数字人形象后，单击右下角的"添加数字人"按钮。

（4）调整数字人

添加数字人后，我们可以根据需要调整数字人的位置和大小，以确保其融入视频场景中。我们还可以调整数字人的动作，如头部运动、速度和面部表情，以增强视频的生动性。

（5）导出视频

完成所有编辑后，我们可以预览视频，确保数字人的效果符合你的期望。如果满意，就可以单击右上角的"导出"按钮来导出视频了。

3. AI数字人在教育视频中的应用

（1）虚拟教师或辅导者

数字人可以作为虚拟教师或辅导者出现在教育视频中，为学生提供个性化的教学服务。例如，在语言学习中，数字人可以模拟真实的对话场景，帮助学生提高口语能力。

（2）教学资源整合

教育机构可以利用数字人工具制作大量的教学视频，整合各种教学资源，提高学生的学习效果。这些视频可以根据不同的学科和主题进行定制，满足学生的多样化需求。

（3）特效角色制作

在制作教育动画或短片时，数字人工具可以帮助教育者快速创建特效角色，降低制作成本，提升作品质量。例如，在讲述历史故事时，数字人可以扮演历史人物，通过生动的表演吸引学生的注意力。3D数字人如图6-7所示。

图6-7　3D数字人

（4）学习体验优化

通过调整数字人的外观、动作和声音，教育者可以为学生创造更加生动、有趣的学习环境。此外，配合不同的教学背景和场景设计，数字人还能帮助学生更好地理解和掌握知识。

（5）自适应学习

结合 AI 技术，数字人可以根据学生的学习进度和反馈进行自适应调整。例如，当学生在某个知识点上遇到困难时，数字人可以提供更加详细的解释和示例，帮助学生克服困难。

剪映的数字人工具在教育领域具有广泛的应用潜力，有望为教育者提供更加高效、有趣的教学手段，提升学生的学习效果。

6.2.6　图文成片：快速生成课堂先导片

课堂导入环节是每一堂课的开始，它的好坏直接影响学生的学习兴趣和学习效果。传统的课堂导入可能只是简单的语言描述或展示几张图片，但使用剪映的图文成片功能，教师可以快速生成生动有趣的视频，为课堂增添更多活力。图文成片如图 6-8 所示。

图 6-8　图文成片

1. 功能介绍

剪映的图文成片功能允许用户输入一段文字，然后软件会自动匹配相关的图片素材，添加字幕、旁白和音乐，最后生成一个完整的视频。这一功能大大简化了视频制作的流程，使得没有视频编辑经验的教师也能轻松制作出专业的视频。

2. 操作步骤

1）打开剪映并选择图文成片功能：打开剪映应用，单击"开始创作"下面的"图文成片"功能。

2）输入文字：选择"自定义输入"模式，然后输入与课堂导入相关的文字内容。例如，输入一段引人入胜的故事、一些与课程内容相关的趣味事实或问题等，如图 6-9 所示。

图 6-9　输入文字

3）生成视频：单击"生成视频"按钮，剪映会根据输入的文字自动匹配图片素材、添加字幕和旁白，并生成一个预览视频，如图 6-10 所示。

4）编辑视频（可选）：如果对预览视频不满意，可以单击编辑按钮对视频进行进一步的剪辑和调整，如更换图片素材、修改字幕样式、调整音乐等。

5）导出视频：编辑完成后，单击右上角的"导出"按钮，选择合适的分辨率和格式保存视频。

图 6-10　生成预览视频

3. 应用场景

❑ 故事导入：通过图文成片功能，教师可以快速将一个与课程内容相关的小故事制作成视频，作为课堂导入环节，激发学生的学习兴趣和好奇心。

❑ 问题导入：教师可以利用图文成片功能制作一个包含一系列问题的视频，通过提问的方式引导学生思考，为新知识的学习做好铺垫。

❑ 知识点回顾：在复习课或新课开始前，教师可以使用图文成片功能快速生成一个包含上节课或之前学过的重要知识点的视频，帮助学生回顾和巩固旧知识。

4. 优势与局限性

（1）优势

❑ 操作简便：即使是没有视频编辑经验的教师也能快速上手。

❑ 内容丰富：可以自动匹配图片素材和添加字幕、旁白，使得视频内容更加丰富多样。

❑ 节省时间：大大缩短了视频制作的时间成本，提高了工作效率。

（2）局限性

❑ 素材匹配可能不完全准确：由于是自动匹配图片素材，因此可能会出现与文字内容不完全匹配的情况，需要教师进行手动调整或更换。

❑ 创意性有限：由于是基于模板和自动匹配生成，因此视频在创意性方面可能有所欠缺，需要教师自行添加一些个性化的元素来提升视频的吸引力。

Chapter 7 第 7 章

教育智能体

本章将探讨 AI Agent（智能体）在教育中的应用与发展。我们将介绍智能体的基本概念及其在教育领域的演变，展示智能体如何帮助教师减轻负担、提升教学效率，并为学生提供个性化学习支持。另外，本章包含多个实际应用案例，如智能辅导系统和个性化学习推荐系统，展示这些技术如何改善学习效果。我们还将展望教育智能体的未来发展趋势，包括情感智能、虚拟现实教育等。通过本章的学习，教师和学生将能更好地理解和利用 AI Agent，推动教学创新，提升学习体验。

本章主要涉及的知识点：

❑ 智能体和教育智能体。

❑ 教育智能体革命。

❑ 师生与智能体的课堂互动。

❑ 智能化教育生态系统。

7.1 从智能体到教育智能体

本节将简要介绍智能体的概念与作用，列举几个具有代表性的教育智能体，并对其未来发展进行预测和展望。

7.1.1　智能体

智能体，英文名是 AI Agent。在中文文献中，AI Agent 曾被翻译为"代理""代理人""智能体"等。简单解释，智能体是一种能够自动完成各种任务的软件，它可以理解我们平时说的话，还可以根据用户的需求和喜好来提供个性化的服务。我们也可以把智能体想象成一个非常聪明的机器人，它可以像人一样感知环境，自主采取行动以实现预设的目标，并且可以通过不断的学习来提高自身的性能，如图 7-1 所示。

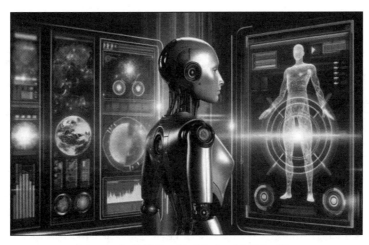

图 7-1　智能体的环境感知与"自我"感知

扣子智能体中心如图 7-2 所示，智谱清言智能体中心如图 7-3 所示。

图 7-2　扣子智能体中心

图 7-3　智谱清言智能体中心

比尔·盖茨表示，智能体不仅会改变每个人与计算机交互的方式，还将颠覆软件行业，带来自我们从键入命令到点击图标以来最大的计算革命。他预测我们与计算机交互的方式将发生重大变化，智能体将理解我们的口头命令并执行各种任务，我们无须再为不同的目的使用不同的应用程序。

我们可以通过自然语言命令智能体，在各种任务之间与之进行直观、个性化的交互，所以智能体对我们至少有以下几个方面的帮助。

❑ 将人类从日常任务、重复劳动中解脱出来，减轻工作压力，提高解决任务的效率。

❑ 人类不再需要提出显式的低级指令，智能体可以完全自主地分析、规划、解决问题。

❑ 在解放双手以后，智能体尝试解放人类的大脑，例如在前沿科学领域充分发挥潜能，帮助人类完成创新性、探索性的工作。

智能体将对人类未来的生产生活起到重要作用。比尔·盖茨于 2023 年 11 月 9 日发表博客称，未来 5 年内上网的人都能够拥有智能体，且它们将彻底改变我们的生活方式。人与智能体交互场景的设想如图 7-4 所示。

图 7-4 人与智能体交互场景的设想

7.1.2 教育智能体

教育智能体的起源可追溯至 20 世纪 80 年代，彼时，计算机辅助教学系统初露锋芒，开启了技术辅助教育的先河。20 世纪 90 年代，随着机器学习技术的兴起，计算机辅助教学系统开始具备初步的自适应能力，能够根据学生的表现调整教学策略。进入 21 世纪，大数据、云计算以及深度学习技术的突破性进展，为教育智能体的快速发展铺平了道路，使之能够处理更海量的数据，制定更精准的个性化学习方案。早期教育智能体的典型代表有以下几种。

（1）智能辅导系统

如 ALEKS，通过复杂的知识图谱和算法，实时诊断学生的学习弱点，制定个性化的学习路径。而随着 AIGC 技术的应用，这些系统能动态生成问题集和解释材料，更加贴合学生的即时需求和理解水平。

（2）个性化学习推荐系统

如 Knewton 等平台利用机器学习模型，结合 AIGC 技术，不仅能分析学生的学习行为，还能根据学生反馈和市场最新教育资源，智能生成并推荐个性化的学习资源，显著提升了学习内容的多样性和针对性。

（3）语言学习伙伴

如 Duolingo 的聊天机器人等应用，通过 AIGC 技术创造更贴近真实交流的互动场景，不仅提升了语言学习的趣味性和实效性，还能根据用户情绪和反应调整对话策略，增强学习体验的情感维度。

7.1.3 教育智能体的发展前景

随着 AIGC 技术的飞速发展，教育智能体正在展现出巨大的潜力。这些教育智能体，通过吸收互联网上的海量文本数据进行训练，能够生成高质量的教育文本内容，其作用包括但不限于以下几个方面。

- 定制化教材与练习：教育智能体可以根据学生的学习水平和兴趣点，自动生成个性化教材、习题和案例研究，使学习资料更贴合个体需求，提高学习效率。
- 交互式学习情境：通过模拟真实世界的对话和情境，教育智能体能够创建沉浸式的学习环境，让学生在接近现实的场景中应用所学知识，提升问题解决能力，培养批判性思维。
- 创作辅助工具：在创意写作、项目策划等教学环节，教育智能体能够提供灵感激发、结构建议乃至初步内容生成等功能，帮助学生快速构思和完善作品，同时促进创造性思维的提升。
- 多语言学习与翻译：教育智能体的多语言能力为语言学习提供了新的可能，它不仅能够生成地道的外语学习材料，还能提供即时翻译，打破语言障碍，促进国际教育交流。

未来，随着 AIGC 技术的不断成熟与创新，教育智能体将更加智能化、人性化，其发展将呈现以下趋势。

- 情感智能与心理支持：通过深度学习和情绪识别技术，教育智能体将能更精确地感知学生的情绪状态，提供适时的心理疏导和支持，创造更加健康、积极的学习氛围。
- 全息与虚拟现实教育：结合 AR/VR 技术，教育智能体将为学生带来前所未有的沉浸式学习体验，让抽象概念具象化，使学习过程更加直观生动。
- 终身学习生态构建：教育智能体将成为个人终身学习旅程中的重要伙伴，依托持续更新的知识库和强大的个性化推荐能力，为每个人的职业发展和兴趣探索提供全方位的支持。

AIGC 技术正引领教育智能体迈向一个充满无限可能的新纪元，为全球学习者开启更加智慧、个性化、高效的学习未来。在这个旅程中，我们既是见证者也是参与者，让我们共同探索和塑造教育的崭新篇章。

7.2 教育智能体革命：将智能体用于教育现场

我们已经知道了什么是 Agent（后续所涉及的 AI Agent 及智能体，都统一表示教育智能体）。目前，很多大模型平台汇集了世界各地的用户创建的各种用途的 AI Agent。例如，国外 OpenAI 的 GPTs Store 中有很多 GPTs 应用，它们可以视为轻便型 AI Agent；另外国内多个平台也上线了很多智能体创作服务。因此，本节我们一起探索当前国内外适用于日常教育教学的 AI Agent。教育智能体应用场景的设想如图 7-5 所示。

图 7-5　教育智能体应用场景的设想

7.2.1　教育 GPTs

ChatGPT 中的教育 GPTs 依托于 GPTs Store，这是一个全球共创的平台，教育工作者可以根据需求创建并发布个性化的 GPTs 供大家使用。教育 GPTs 是一种专门设计用于教育领域的智能对话系统，利用先进的自然语言处理技术，为教师和学生提供个性化的学习支持和互动体验。GPT 界面如图 7-6 所示。

1. 语言学习 GPTs

"Language Teacher | Ms. Smith"支持 20 多种语言，包括西班牙语、法语、德语、英语、日语、汉语等，其语言选择界面如图 7-7 所示。它可以作为私人语言导师，通过对话使用户有效地学习任何语言，也可通过与用户讨论有趣的话题来增加用户的词汇量，并提供指导。用户在手机上也可使用语音与该 GPTs 进行对话。

2. 文档分析 GPTs

ChatDOC 是一款可以协助阅读的 GPTs，用户可以把论文文档、教学设计、科研资料上传给 ChatDOC，让 AI 协助分析解读或生成新的内容等。ChatDOC 阅读教学设计如图 7-8 所示。

阅读完成之后，AI 可以对文档内容进行总结，用户也可以向 GPTs 询问关于文档的内容，以及基于文档内容进行二次修改等。GPTs 可以在科学研究、论文阅读、论文观点提炼等方面提高效率，表 7-1 是适用于教育科研的 GPTs 推荐。

图 7-6　GPT 界面

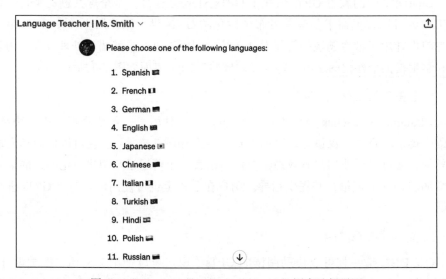

图 7-7　"Language Teacher | Ms. Smith" 语言选择界面

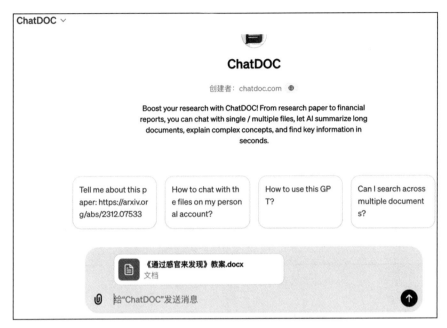

图 7-8 ChatDOC 阅读教学设计

表 7-1 适用于教育科研的 GPTs

名称	功能
Scholar AI	从 2 亿多篇研究论文和书籍中搜索并分析文本、图片和表格，可以根据用户需求一键匹配参考文献
Consensus	查询研究成果，直接与全球科学文献对话。搜索参考文献，获取简单解释，撰写有学术论文支持的文章
Scholar GPT	通过超过 2 亿种资源和内置的批判性阅读技能增强研究，能够轻松访问 Google Scholar、PubMed、JSTOR、Arxiv 等

3. 儿童绘本 GPTs

儿童绘本生成器（如图 7-9 所示）能够一站式生成儿童绘本故事，包括故事内容、故事插图，有两种模式可供选择。用户可以选择简单模式，也可以选择专业模式，先生成故事内容，再生成故事插图，利用 AI 快速完成儿童绘本制作。

科技的发展日新月异，教育的创新亦无止境。我们鼓励教师积极尝试这些新技术，持续探索 AI 在不同教学场景中的应用。每一次尝试都是宝贵的经验积累，每一个创新都是对教育变革的积极推动。

图 7-9　儿童绘本生成器

7.2.2　常用的国内教育智能体

国内有很多平台已经开发了智能体模块，教师可以在多个平台上探索教育 AI Agent 的应用，如果你对制作 AI Agent 感兴趣，也可以自己动手，亲自做一个教育智能体应用。

1. 探索各大平台的教育智能体

下面我们一同探索智谱清言、豆包、通义大模型的教育 AI Agent 应用，以及学习如何制作一个专属的教育 AI Agent。国内常见的大模型平台见表 7-2。

表 7-2　国内常见的大模型平台

大模型平台	官方网址	主要特点
智谱清言	https://chatglm.cn/	清华大学团队研发，有 App 版本
豆包	https://www.doubao.com/chat/	抖音团队研发，可以用语音和智能体对话
通义大模型	https://tongyi.aliyun.com/	阿里团队研发，有通义 App，支持语音对话

下面我们一起来看看，在上述大模型平台上，用户们都建立了哪些教育 AI Agent，如图 7-10 ～图 7-12 所示。

我们可以通过搜索关键词的方式快速找到专门的教育 AI Agent，如"学习""教育""教师"等。找到合适的教育智能体之后，单击进入该应用，通常就可以直接使用。一般情况下，平台会介绍此智能体的主要功能，方便用户快速高效地进入使用场景。

下面以"慧心班主任"AI Agent 为例，来体验应用效果，如图 7-13 所示。

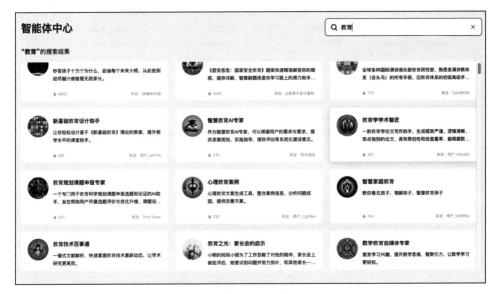

图 7-10　智谱清言的教育 AI Agent

图 7-11　豆包的教育 AI Agent

图 7-12　通义大模型的教育 AI Agent

图 7-13　"慧心班主任" AI Agent

　　下面我们向"慧心班主任"提问一个问题:"如何帮助学生在考试前减轻紧张情绪?"如图 7-14 所示。

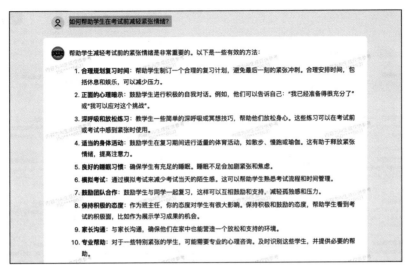

图 7-14　"慧心班主任"AI 智能应用回答

2. 自定义教育智能体

除了上述平台上已有的教育智能体应用，我们还可以自己动手定制一个教育智能体应用。

下面我们使用豆包演示，如何制作一个专属自己的 AI Agent 应用。

1）注册平台。首先打开豆包官方网站（https://www.doubao.com/chat/），然后注册豆包平台账户。豆包平台界面如图 7-15 所示。

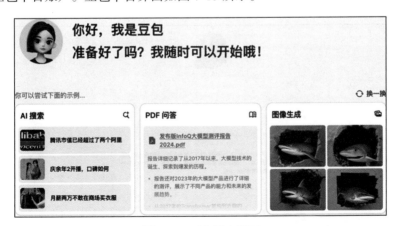

图 7-15　豆包平台界面

2）创建智能体。注册完成之后，选择"发现 AI 智能体"，然后在右上角选择"创建 AI 智能体"，如图 7-16 所示。

图 7-16 创建 AI Agent

3）配置 AI Agent 的详细信息。比如，我们现在想要制作一个"智慧校长"的 AI Agent，可以帮助校长解决日常事务，如撰写开会发言稿，并且在教学、德育、校园安全、总务事务、学校信息化等方面拥有丰富的经验。具体配置信息如图 7-17 所示。

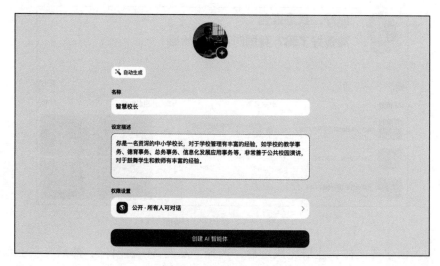

图 7-17 配置 AI Agent

输入指令：

你是一名资深的中小学校长，对于学校管理有丰富的经验，如学校的教学事务、德育事务、总务事务、信息化发展应用事务等，非常善于公共校园演讲，对于鼓舞学生和教师有丰富的经验。

4）发布 AI Agent。完成上述操作后，我们就可以发布并使用 AI Agent 了，如图 7-18 所示。

> 德育工作重点是什么呀？
>
> 作为校长，我认为德育工作的重点在于培养学生的品德和社会责任感。我们不仅要关注学生的学术成绩，更要注重他们的品德教育。
>
> 首先，我们要教导学生尊重他人，包括老师、同学和其他工作人员。尊重他人的意见和权利，学会倾听和理解别人的观点，是建立和谐校园的基础。
>
> 其次，我们要培养学生的社会责任感。学生应该明白自己是社会的一员，应该为社会做出贡献。我们可以通过组织志愿者活动、社区服务等方式，让学生亲身体验到帮助他人的快乐和意义。
>
> 最后，我们要注重培养学生的道德判断力。在当今复杂的社会环境中，学生需要具备正确的道德观念和判断能力，才能做出正确的选择。我们可以通过课堂教学、主题班会等方式，引导学生思考道德问题，培养他们的道德判断力。
>
> 总之，德育工作是学校教育的重要组成部分，我们要共同努力，培养出有品德、有社会责任感的新一代。

图 7-18 "智慧校长" AI Agent

7.3 创新性实践：师生与智能体的课堂互动

AI Agent，作为一类能够解决特定问题的 AI 应用，正在各个教育场景中发挥着越来越重要的作用。通过具体案例和实践，我们展示了 AI Agent 如何在课堂上和教师及学生互动，同时帮助学生进行自主学习和问题解决，如图 7-19 所示。本节将详细介绍这些互动方式的应用方法和实际效果，旨在为教师们提供启发和指导，推动教育创新和智能化发展。

图 7-19 AI Agent 与学生互动

7.3.1 教育智能体与师生互动的方式

AI Agent 目前可以集成到软件 App，或者大模型平台网页中。在这种情况下，AI Agent 可以和师生通过文字或者语音互动。文字互动，即师生可以通过打字的方式向 AI Agent 提问，如图 7-20 所示。语音互动，即师生可以通过"实时通话"的方式与 AI Agent 进行交流，如图 7-21 所示。

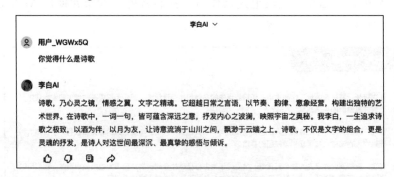

图 7-20　AI Agent 文字互动

图 7-21　AI Agent 语音互动

7.3.2 教育智能体在课堂上的应用

AI Agent 可以根据教师需求和课程内容进行定制。因为 AI Agent 不仅能够生成文字内容，还能够生成图片，所以教师可以结合课堂上的教学设计，把 AI Agent 融入具体的课堂情境中。

1. 案例：英语课上 AI Agent 生成圣诞图片

在上关于"圣诞节"的英语课时，教师可以让学生用英文描述（可以是文字描述，也可以是语音描述）圣诞节的元素，然后 AI Agent 就能根据描述快速生成一张图。AI Agent 的具体制作方式和前文的"智慧校长"AI Agent 相同，需要注意的是指令的撰写。下面给出参考指令，AI Agent 制作完成后，可以实现如图 7-22 所示的效果。

参考指令：

你是一个圣诞图生成器，只要给出圣诞节相关的英文单词，就能够绘制出关于本单词的图片出来。

图 7-22 AI Agent 生成图片

2. 案例：AI Agent 协助语文生词听写

语文课经常会有新字、新词出现，为了巩固这些内容，教师们通常会使用听写的手段。此时可以制作一个智能体，其功能是我们只需要输入对应的新字、新词，它就能够帮我们朗读出来，给学生进行听写训练。具体制作步骤同前文的"智慧校长" AI Agent，需要注意的是指令的撰写。下面给出指令描述供参考。AI Agent 制作完成后的效果如图 7-23 所示。

参考指令：

你是一个课堂听写助手，我会给你一些语文或者英语的词语，然后你分别读出这些词语，每个词读两遍，等待 5 秒，再读下一个词。

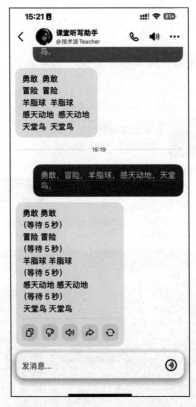

图 7-23　AI Agent 辅助听写

3. 案例：历史课上的"时间旅行者"

在历史课上，AI Agent 可以扮演"时间旅行者"的角色，为学生讲解特定历史时期的事件和人物，回答学生的问题，并提供相关的历史资料和图片。

学生可以在课堂上提出关于某一历史时期的问题，让 AI Agent 提供详细的解答，并展示相关的历史文献和图片。详细制作步骤同 7.2 节中的"智慧校长"AI Agent，需要注意的是指令的撰写，下面给出指令供参考。

参考指令：

你是一个历史事件研究者，只要给你一个历史事件的名称，你就能解释发生了什么，并能够用一张图描述这个事件。

"时间旅行者"AI Agent 的具体实现效果如图 7-24 所示。

图 7-24 "时间旅行者"AI Agent

经过课堂实际验证，这一 AI Agent 有助于增强历史学习的趣味性和互动性，提高学生的历史知识水平和理解能力。

7.4 未来式课堂：智能化教育生态系统

教育智能体，作为教育领域的创新技术工具，正在逐步渗透到教学的每一个环节，引领传统教学模式革新。借助智能体的强大功能，教师得以更高效地进行课堂管理，而学生则能够享受到更加丰富多元的学习资源和量身定制的学习体验。智能体的应用不仅限于辅助教师的办公工作，它与课堂的融合更是呈现出多样化的发展态势。教师可以根据自身的特定需求，定制个性化的教育 AI 应用，教育智能体正悄然改变着教育和教学的面貌，如图 7-25 所示。

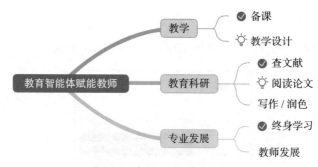

图 7-25　教育智能体赋能教师

展望未来，我们期待构建一个全面整合 AI Agent 的智能化教育生态系统，这将实现教育的高效性、公平性和个性化。这样的系统不仅能够提升教育的整体质量，还能有效培养学生的创新思维和适应未来社会所需的综合素养。

神奇的 AI 教室：
9 大应用解决教学难题

　　前面 7 章中，我们探讨了 AI 技术及其在教育领域的应用，包括数字化技术如何改变教育教学模式、AI 与教师职业发展的关系，以及生成式 AI 技术在教育中的实践和潜力。这些章节不仅揭示了 AI 技术的广泛潜力，还展示了如何通过 AI 工具和平台提升教学效率、促进个性化学习、丰富教学资源，并激发学生的学习兴趣。基于这些理论和实践基础，本章着重展示了 AI 技术如何在不同学科的教学中发挥关键作用，从语文到数学，再到英语、科学、艺术等，AI 的应用案例充分展现了 AI 在教育领域的多样性和实用性。通过具体的教学案例，本章旨在为教师提供灵感和策略，帮助他们利用 AI 技术优化课堂教学，激发学生的学习兴趣，提高学习效率，并促进学生全面发展。本章内容不仅涵盖了 AI 技术的实际应用案例，也探讨了跨学科项目与 AI 的结合，为未来教育的发展提供了新的视角。

　　本章涉及的知识点主要是 AI 在多学科教学中的创新应用：深入探讨 AI 如何在不同学科中被应用以丰富教学内容和方法，包括语文、数学、英语、科学、艺术等学科，展现 AI 技术的多样性和实用性，如图 8-1 所示。

图 8-1　多学科 AI 应用

8.1 语文课代表：轻松解读古文意境

本节将探讨如何利用 AI 技术增强学生对古诗文意境的理解和欣赏，介绍 AI 如何通过诸如文本分析、图像生成等技术，帮助学生深入探索古诗文中的隐含意义和美学价值。如图 8-2 所示，用 AI 生成柳宗元的古诗《江雪》的场景图。

千山鸟飞绝　　　　　　　　　　　万径人踪灭

孤舟蓑笠翁　　　　　　　　　　　独钓寒江雪

图 8-2　AI 生成《江雪》的场景图

1. AI 描绘古诗文

图 8-2 就是让 AI 根据古诗的意境绘制出每一句对应的画面，这对于低年级学生理解古诗有很大的帮助。这里的操作是先让 AI 理解古诗，然后让 AI 根据古诗进行绘画。

下面我们以一篇文言文课文《桃花源记》为例，讲解制作过程。

第一步：工具准备。首先要用到的工具是大语言模型，如当下最火的 ChatGPT，或者国内的通义千问，让大语言模型帮我们撰写 AI 绘画的提示词指令。然后要用到的是 AI 绘画工具，如 DALL E3、Midjourney，或者国内的通义万相、文心一格等，让 AI 绘画工具根据提示词生成图片。

第二步：根据主题写指令。对于比较著名的古诗文 / 文言文，AI 大模型都已经学习过。如果想绘制生僻的古诗文图片，可以先把古诗文上传给 AI，让它理解内容。接下来我们用直接提问的方式与 AI 进行对话。

提问指令 1：

你知道陶渊明的《桃花源记》吗？能简要介绍这篇文章吗？

ChatGPT：

《桃花源记》是中国东晋时期著名诗人陶渊明创作的一篇散文。文章描绘了一个理想的世外桃源，讲述了一个渔夫偶然发现的与世隔绝、和平安宁的村庄。

主要内容如下：

一位渔夫在河中捕鱼，顺流而下，进入了一条狭窄的溪流，发现了一片桃花林。林尽水源，发现了一个洞口，进去后发现一个美丽的村庄，村民们过着与外界隔绝的和平生活。他们热情接待了渔夫，告诉渔夫他们的祖先为了逃避战乱而来到这里定居。渔夫离开村庄后，向他人讲述了这一奇遇，但再也找不到进入桃花源的路了。

《桃花源记》表达了陶渊明对理想社会的向往，反映了人们对和平、安宁生活的渴望，以及对现实社会的失望。文章语言优美，意境深远，成为中国文学史上的经典之作。

此时我们看到，AI 已经知道这篇文章。然后，继续向它提问，让它说出这篇文章描绘了哪些情景。如果 AI 回答得令人不太满意，则可以调整指令继续提问。

提问指令 2：

请你帮我总结一下，根据时间线来说，这篇文章主要有哪些场景？请你详细分析，以方便我后期绘图。

ChatGPT：

《桃花源记》按时间线划分，可以分为以下几个主要场景：

❑ **渔夫发现桃花林：**

场景描述：一位渔夫在河中捕鱼，沿着溪流划船，突然发现两岸布满了桃花，花香扑鼻，花瓣纷飞。

绘图要素：渔夫在小船上，两岸桃花盛开，花瓣飘落在水面上，溪流清澈见底。

☐ **进入狭窄的山洞：**

场景描述：渔夫继续前行，发现溪水尽头有一个狭窄的山洞，洞口仅容一人通过。

绘图要素：狭窄的洞口，渔夫靠近洞口查看，洞内一片昏暗，洞口周围有藤蔓植物。

☐ **发现桃花源：**

场景描述：渔夫穿过山洞，眼前豁然开朗，出现了一片开阔的田野，村庄坐落其中，屋舍俨然，鸡犬相闻。

绘图要素：明亮的田野，整齐的房屋，村民在田间劳作，鸡犬在村庄中闲逛，远处青山环绕。

☐ **村民热情接待渔夫：**

场景描述：村民发现渔夫，感到惊讶且好奇，热情地招待他，并向他讲述村庄的历史。

绘图要素：村民围绕渔夫，带他参观村庄，村民脸上带着友善的笑容，背景是宁静的村庄景象。

☐ **渔夫离开桃花源：**

场景描述：渔夫在村庄中逗留数日，决定离开，村民为他指引出村的路径，叮嘱他不要外泄。

绘图要素：渔夫告别村民，依依不舍地离开村庄，穿过山洞回到外界，洞口的光线逐渐明亮。

☐ **渔夫返回现实世界：**

场景描述：渔夫返回家乡后，向他人讲述自己的奇遇，但再也找不到通往桃花源的道路。

绘图要素：渔夫回到家乡，与家人和朋友分享他的经历，但表情略带失落，背景是普通的乡村景象。

AI 共给我们描绘了 6 个场景，下面我们根据它提供的 6 个场景及相应的绘图描述，让 AI 给我们绘制对应的图片。

提问指令 3：

请你根据上述的绘图描述绘制图片。

展示其中部分 ChatGPT 绘图的效果，如图 8-3 所示。

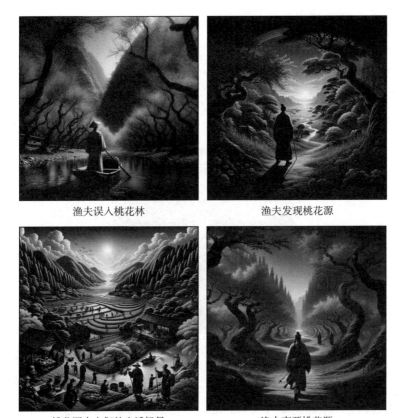

渔夫误入桃花林　　　　　　　　　　　渔夫发现桃花源

桃花源中人们的生活场景　　　　　　　　渔夫离开桃花源

图 8-3　AI 绘制《桃花源记》的场景

　　运用 AI 绘画，可以让原本晦涩难懂的古诗 / 文言文变得容易理解，为学生呈现具体的场景。

2. AI 绘制课本内容

　　在语文课上，很多课文中的人物形象通常只能依靠学生通过阅读课文的描述来想象。正如"一千个读者就有一千个哈姆雷特"，每个人心中的人物形象都有所不同。现在，借助 AI 绘画技术，学生可以将自己对课文中人物的理解转化为具体的图片，例如《木兰诗》中的花木兰、《孔乙己》中的孔乙己、《背影》中的父亲等。此外，语文课文中描述的自然景观也可以通过 AI 绘画技术实现可视化，如郁达夫先生的《故都的秋》中描绘的故都、陶渊明的《桃花源记》中描绘的理想乡、苏轼的《赤壁赋》中描绘的月夜江景等，这些都可以通过输入相关指令来绘制出具体的场景，从而丰富学生的学习体验，并加深学生对文本的理解和感受。

提示词示例1：

木兰穿着传统的战袍，佩戴着盔甲，表情坚毅。她骑着一匹骏马，手持长枪，在战场上英勇奋战的瞬间。背景是广阔的沙场，可以看到远处战争的烽火和战友们的身影。

上述提示词的生成效果如图8-4所示。

图8-4　AI绘制木兰形象

提示词示例2：

孔乙己作为一个穿着破旧长衫的清贫书生，形象瘦弱、面容憔悴，但神态带有一丝滑稽。他站在镇上的酒店内，手持一碗黄酒，眼神略显迷茫和哀伤，身旁是他经常光顾的酒店环境，可以看到简陋的桌椅和其他顾客的侧影。

上述提示词的生成效果如图8-5所示。

图8-5　AI绘制孔乙己形象

提示词示例3：

描绘秋天的北平城景，展现城墙外宽阔的金黄色菊花田，与城墙上翠绿的古藤相映成趣。远处可见模糊的古塔和低矮的屋顶，天空呈现深秋的湛蓝，偶尔飘过几片飘零的树叶。整个画面应呈现一种淡淡的忧郁与怀旧情绪，体现出作者对故都的深情回忆与秋日特有的萧瑟感。此画面不仅要展示自然景观的美，还要传达出一种时间流逝、物是人非的感慨。

上述提示词的生成效果如图8-6所示。

图8-6　AI绘制故都的秋

提示词示例4：

清朗的月夜下，长江水面波光粼粼，倒映着皎洁的月光。江面小船轻摇，苏轼与友人在水面抚琴对饮，背景是迷蒙的赤壁峭壁，隐约可见岩石上的古老题刻，周围环绕着薄雾，营造了神秘和幽静的气氛。整个场景融合了文人墨客和自然的宁静美。

上述提示词的生成效果如图8-7所示。

图8-7　AI绘制赤壁赋夜景

8.2 数学天才：个性化出题与解析

本节将深入探讨 AI 技术在数学教学中的革命性应用（如图 8-8 所示），我们将详细介绍 AI 如何通过个性化出题机制和智能解析，支持学生在数学学习中的成长。通过结合大模型技术，本节旨在展示 AI 在理解学生需求、定制学习内容以及提供有针对性的即时反馈方面的强大能力。我们将探索如何利用 AI 技术突破传统教学限制，实现真正的个性化学习路径，以及如何通过这些技术提高学生的数学能力和解题技巧，让每个学生都能在数学领域实现自己的最大潜能。

图 8-8　AI 在数学教学中的应用

1. 当前数学教学面临的困境

从教师角度来看，当前数学教学中的主要挑战包括学生能力的差异以及大班制下很难准备出个性化教学资源，所以当前数学教学大多处于"一刀切"的窘境。此外，教师在评估学生学习进展和提供有针对性的反馈方面也面临挑战，原因是教师精力有限，不可能做到对每个学生的反馈都是个性化的。

从学生角度来看，能力差异和缺乏个性化学习资源意味着学生可能没有得到最适合自己的学习支持。高水平学生可能会因为缺乏挑战而感到无聊，而低水平学生则可能因为跟不上课程进度而感到挫败。缺乏个性化学习路径和学习资源使得学生无法根据自己的节奏和兴趣学习，影响了他们的学习动力和效果。

2. ChatGPT 协助教师备课

针对当前数学教学存在的问题，大模型可以协助教师实现学生数学学习的个性化，具体表现为以下几个方面。

（1）个性化出题

基于学生的答题历史和学习进度，ChatGPT 可以生成符合学生当前学习阶段和能力水平的数学题目，确保题目既不会过于简单导致学习缺乏挑战性，也不会过于复杂导致学生产生挫败感。ChatGPT 提供的不同难度梯度的题目如图 8-9 ～图 8-12 所示。

提示词：

请根据数学知识点"一元一次方程"，列出不同难度梯度的题目，以方便班级内不同水平的学生练习。

ChatGPT 的回答：

我会根据一元一次方程的难度梯度来设计题目，从基础到进阶，适合不同水平的学生练习。

基础题（适合入门学生）

1. 解方程：$2x + 5 = 13$
2. 解方程：$3x - 4 = 8$
3. 解方程：$x + 7 = 12$
4. 解方程：$4x = 16$
5. 解方程：$\dfrac{x}{2} = 6$

图 8-9　ChatGPT 出基础题

中等题（适合有一定基础的学生）

1. 解方程：$5x - 3 = 2x + 9$
2. 解方程：$2(x + 4) = 3x - 1$
3. 解方程：$4(x - 2) = 2(x + 6)$
4. 解方程：$7x + 3 = 4x + 15$
5. 解方程：$3(x - 1) + 2 = 2(x + 3) - 1$

图 8-10　ChatGPT 出中等题

进阶题（适合高水平学生）
1. 解方程：$2(x-3)+4=3(x+1)-2x$
2. 解方程：$4(x+5)-3(2x-1)=2(3x+2)-x$
3. 解方程：$\dfrac{2x-3}{4}+\dfrac{x+1}{3}=2$
4. 解方程：$\dfrac{3x-4}{5}-\dfrac{x+2}{3}=1$
5. 解方程：$6-\dfrac{2x}{3}=4x+\dfrac{5}{2}$

图 8-11　ChatGPT 出进阶题

挑战题（适合拔高训练）
1. 解方程：$2x+3(4-x)=5(x-2)+7$
2. 解方程：$\dfrac{3x-1}{2}+\dfrac{5x+3}{4}=\dfrac{7x-2}{3}$
3. 解方程：$4(x-3)-2(2x+1)=x-6+3(x-2)$
4. 解方程：$3x-\dfrac{4(x+2)}{5}+2=\dfrac{7x-3}{4}$
5. 解方程：$\dfrac{x}{2}-\dfrac{x-1}{3}=\dfrac{2x+3}{4}-1$

图 8-12　ChatGPT 出挑战题

希望这些题目能够帮助你的学生根据自己的水平进行练习。有什么需要进一步调整或增加的，请告诉我！

（2）动态解析

对于学生解答错误的题目，ChatGPT 不仅可以提供正确答案，还能根据题目类型和学生的具体错误，生成具有针对性的解题步骤和解析，帮助学生理解错误的原因和掌握正确的解题方法。如图 8-13 所示，可汗学院的创始人和儿子体验 ChatGPT-4o 解数学题。

（3）学习资源推荐

基于学生的学习情况，AI 还能推荐相关的学习资源，如视频讲解、在线课程或进阶阅读材料，以支持学生的深入学习。下面展示用 AI 搜索辅助学生学习，用到的 AI 工具是秘塔 AI，它可以提供很多在线资源供学生学习，也可辅助教师备课。

指令：

推荐 6 年级学生学习数学的课程资源。

图 8-13　可汗学院创始人和儿子体验 ChatGPT-4o 解数学题（来源于网络）

秘塔 AI 整合全网相关资源并生成思维导图，如图 8-14 所示。

视频课程
　小学 1—6 年级数学思维视频课
　乐乐课堂数学 1—6 年级全套视频课

教材与教案
　六年级上册数学电子课本教材（高清 PDF 版）
　六年级数学上册教案
　人教版六年级下册数学电子课本教材（高清完整版）

知识点与复习资料
　2022 新人教版六年级上册数学电子课本教材（高清 PDF 版）
　1—6 年级公式大全，全新整理

教学思维拓展课程
　【小学数学思维拓展课程 1—6 年级】视频 +PDF

教学思维视频课汇总
　小学 1—6 年级全套（300 讲）汇总学习资源链接

图 8-14　6 年级数学学习资源思维导图

秘塔 AI 不仅梳理了思维导图，凭借全网搜索能力，它还可以快速搜到网络上的相关学习资源供师生使用，如图 8-15 所示。

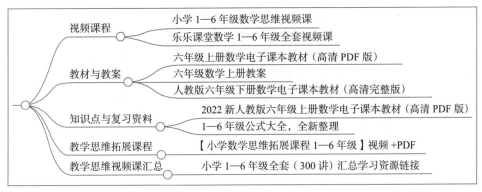

图 8-15　全面的网络学习资源

8.3 英语绘本：AI 生成双语儿童故事

本节将探讨如何利用 AIGC 技术来创作双语儿童故事绘本，旨在提升儿童的语言学习体验和文学欣赏能力，如图 8-16 所示。本节还将详细介绍 AI 如何通过文本生成和图片生成，创作出富有教育意义和文艺价值的双语故事。

图 8-16　儿童绘本阅读

（1）确定儿童绘本故事主题

在制作双语儿童故事绘本之前，需要先确定主题，教师可以根据学生的年龄情况来确定适合他们的阅读主题，本书以小学低年龄段儿童为例，确定阅读主题，比如勇气。

（2）AI 问答生成儿童故事

有了主题之后，我们可以根据主题用 AI 问答（本例中应用的是国内大模型 Kimi）生成双语儿童故事，故事的字数也是根据学生的年龄段确定的。下面是指令及生成结果示例。

指令：

你是一名安徒生级别的儿童故事大师，请生成一个关于"勇气"的儿童故事，字数在 300 字以内，要求趣味性强，适合儿童阅读，并且是双语的（中文和英文）。

Kimi：

在一个遥远的森林里，有一只小兔子名叫勇勇。勇勇不同于其他兔子，它有着一颗渴望冒险的心。

One day in a far away forest, there was a little rabbit named Yongyong. Unlike other rabbits, Yongyong had a heart that yearned for adventure.

勇勇听说森林深处有一片神秘的蓝莓丛，那里的蓝莓能让人跳得更高、跑得更快。但是，那里也住着一只大灰狼。小兔子们都不敢去。

Yongyong heard that deep in the forest, there was a mysterious patch of blueberry bushes. The berries there could make one jump higher and run faster. However, a big gray wolf lived there too. The little rabbits dared not go.

一天，勇勇决定去探险。它戴上了一顶小红帽，以防万一。它小心翼翼地穿过树林，来到了蓝莓丛边。

One day, Yongyong decided to go on an adventure. It put on a little red cap, just in case. It carefully made its way through the woods and arrived at the edge of the blueberry patch.

勇勇发现大灰狼并没有那么可怕，它只是寂寞，想要一个朋友。勇勇和大灰狼成了朋友，一起分享了美味的蓝莓。从此，森林里的小动物们都知道了勇勇的勇敢故事。

Yongyong found that the big gray wolf wasn' t scary at all; it was just lonely, wanting a friend. Yongyong and the wolf became friends and shared the delicious blueberries together. From then on, all the little animals in the forest knew the brave story of Yongyong.

这个故事告诉我们，勇气不仅仅是面对危险，更是敢于理解和接纳不同的事物。勇勇用它的勇气和善良，赢得了友谊和尊重。

This story teaches us that courage is not just about facing danger, but also daring to understand and accept different things. Yongyong used its courage and kindness to win friendship and respect.

（3）绘制故事场景图

有了故事内容之后，我们可以根据故事内容让AI绘制对应的故事场景图，这里涉及的是AI绘画的内容，可以用前文介绍的AI绘画软件进行绘制，本节用到的AI绘画软件是DALL·E3。

指令1：

请绘制这个场景图，在一个遥远的森林里，有一只小兔子名叫勇勇。勇勇不同于其他兔子，它有着一颗渴望冒险的心。

DALL·E3绘制的图片如图8-17所示。

图 8-17　绘本图片 1

接下来的图片根据上述方式绘制即可。

指令 2：

绘制这个场景，勇勇听说森林深处有一片神秘的蓝莓丛，那里的蓝莓能让人跳得更高、跑得更快。但是，那里也住着一只大灰狼。小兔子们都不敢去。

DALL・E3 绘制的图片如图 8-18 所示。

图 8-18　绘本图片 2

8.4　小小科学家：AI 点亮科学的奇妙之旅

本节将深入探讨如何利用 AI 技术激发儿童对科学的兴趣和探索欲望，如图 8-19 所示。本节将详细介绍 AI 如何成为科学教育中的强大工具，如科学 AI

Agent、VR（虚拟现实）等。

图 8-19 科学虚拟现实

8.4.1 制作一个科学 AI Agent

针对科学教育，特别是科学学科会涉及不同领域的科学知识，如光学，力学等。在一节科学课上，学生提出的问题也是不同的，教师需要制作一个细分知识领域的 AI Agent，达到一种人机共育的效果。科学 AI Agent 可以解决下列问题：

❏ 回答科学问题：科学 AI Agent 可以理解和回答学生关于科学学科的具体问题，提供准确的解释和详细的概念解析。

❏ 生成教学内容：基于不同科学知识，科学 AI Agent 可以生成教学指导、实验步骤说明、概念讲解等教学材料。

❏ 互动学习：通过与学生的互动，科学 AI Agent 可以根据学生的问题和反馈调整内容的深度和难度，提供个性化的学习体验。

❏ 持续学习和更新：随着科学知识的更新和学生互动数据的积累，科学 AI Agent 可以持续学习和优化，以保持其问答和内容生成的准确性及相关性。

下面介绍如何制作一个太阳系 AI Agent，用于帮助学生学习太阳系中的星球知识。具体的操作步骤如下。

（1）注册智谱清言大模型平台账号

智谱清言（https://chatglm.cn/）是北京智谱华章科技有限公司推出的生成式AI 助手，用户只需要使用手机号码注册并登录，就能够体验到智谱大模型。智谱清言界面如图 8-20 所示。

图 8-20　智谱清言界面

（2）创建太阳系 AI 智能体

登录之后单击左上角"创建智能体"，然后根据提示填写具体的内容，如智能体名称、简介、配置信息、开场白、推荐问题、模型能力调用、知识库文件。其中配置信息比较重要，相当于 AI 的提示词指令，需尽量填写具体的信息。太阳系 AI 智能体配置信息如图 8-21 所示。

图 8-21　太阳系 AI 智能体配置信息

（3）调试智能体

这里主要是测试智能体的回答内容是否能达到我们的要求（因为这个 AI Agent 是给学生使用的，所以回答要从学生的角度出发），如果没达到要求，可以继续修改"配置信息"，以求能够获得我们想要的回答。调试智能体如图 8-22 所示。

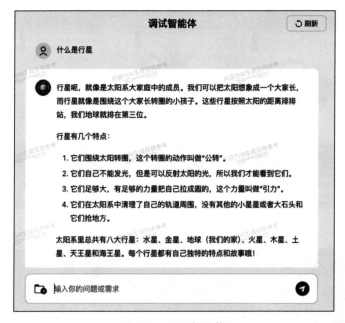

图 8-22　调试智能体

（4）发布智能体

当调试完成后，单击"发布智能体"按钮，即可完成智能体的制作。

8.4.2　VR/AR 平台导览

VR 技术在科学课堂的应用为学生提供了沉浸式的学习体验，使复杂的科学概念变得直观和易于理解。通过模拟真实的科学环境和现象，VR 帮助学生更深入地探索和理解科学知识，尤其是那些难以通过传统教学方法展示的内容。

（1）生物学

在生物课上，学生可以通过 VR 了解一个青蛙身体的主要组成，这在真实的实验中很难实现，现在通过一个 App 就能让学生看到具体情况。这个 App 就是 Edmentum AR Biology。我们在应用商店中搜索并下载该应用即可使用，如图 8-23 所示。

（2）化学

在化学教学中，VR 可以用来模拟化学物质实验反应，学生可以在虚拟平台中"操作"化学物质，观察不同化学物质混合时的反应过程，观察生活中少见物质的外观特征及反应变化，了解化学方程式背后的实际意义。如图 8-24 所示，使用 VR 模拟物质间的化学反应。

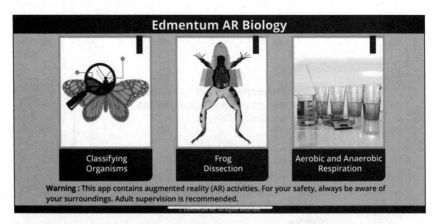

图 8-23　Edmentum AR Biology

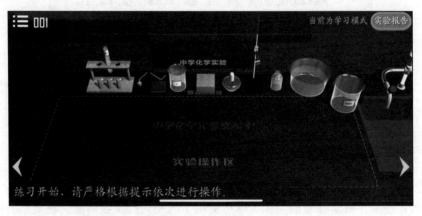

图 8-24　VR 演示

（3）VR 三维可交互课件设计

传统的课件多以 PPT 为主，虽然实现了多媒体的插入和可交互，但仍是二维的视角。随着技术的更替，尤其是以 VR、AR、元宇宙等技术的发展，三维立体、可交互、可 360° 拖拉的课件逐渐出现在各种公开课场景中。Nibiru Creator 凭借无代码、模板库、智能数据分析和逻辑编程等优势赋能教育场景，教师们可以低成本、高效率地完成三维交互内容开发，制作三维数字化可交互课件。三维课件示例如图 8-25 所示。

（4）AR 教学应用场景

增强现实（AR）技术在教育领域的应用正逐渐改变传统的课堂教学模式。通过将数字信息叠加到现实世界中，AR 为学生提供了一种全新的学习体验。在课堂上，教师可以利用 AR 应用来增强学生的感知和理解能力，使学习过程更加直观和具有互动性。AR 教育应用场景如图 8-26 所示。

图 8-25　三维课件示例

图 8-26　AR 教育应用场景

8.5 艺术大师：AI绘画点亮创意课堂

本节将探索AI绘画如何融入课堂中，我们将详细介绍AI绘画技术的应用，展示如何利用这一技术激发学生的创造力和艺术才能，同时列举不同的AI绘画平台，让学生能以全新的方式表达和创作。AI绘画场景设想如图8-27所示。

图8-27 AI绘画场景设想

8.5.1 AI绘画绘制儿童故事绘本

AI绘画技术在儿童故事绘本的制作中不仅高效而且非常个性化，能够极大提升绘本的创作表现和教育价值。通过这项技术，教师们可以创作儿童故事绘本，根据文本内容利用自动生成与故事相匹配的图片。无论是人物、动物还是背景场景，AI都能根据故事的语境和情感需求，准确呈现出生动、风格多样的画面。特别是在制作儿童故事绘本时，AI绘画可以保证图片和文本的一致性与相关性，帮助儿童更好地理解和学习不同的故事。

案例故事：

在一个遥远的森林中，有一片神奇的地方，每晚都被柔和的月光照耀。在这个森林里，住着许多不同的动物，包括一个害羞的小兔子阿白和一个活泼的小鹿丽丽。尽管性格迥异，但一次偶然的相遇让它们的命运紧紧相连。一天晚上，它们在月光之地发现了一只被困在树洞中的小鸟。面对这个挑战，阿白和丽丽决定合作，用智慧和勇气共同解救小鸟。在这个过程中，它们找到了工具，制作了简单的机械装置，克服了许多难题。最终，它们不仅成功救出了小鸟，也发现了合作的力量和接受彼此差异的重要性。这次冒险使它们成为不可分割的朋友，每天晚上都会在月光之地一起玩耍，它们的友谊在森林中传为佳话。这个故事不仅展示了友情的温暖，也教会了小读者如何通过理解和合作来建立持久的友谊。

根据上述故事拆解场景，然后根据场景，用 AI 绘画软件绘制绘本配图。

（1）第一个场景：美丽的森林

提示词：

一个充满多种植物和动物的森林全景，月光从树梢洒下，营造出神秘而安静的氛围。

场景绘制效果如图 8-28 所示。

图 8-28　AI 绘制森林场景

（2）第二个场景：故事主人公出场，即阿白和丽丽的第一次偶遇

提示词：

阿白和丽丽在月光之地相遇的场景，可以表现它们的性格特点，阿白显得有些羞涩，而丽丽则表现出好奇和友好。

场景绘制效果如图 8-29 所示。

（3）第三个场景：发现小鸟被困

提示词：

两个角色在树洞旁，发现了小鸟困在里面的情景。小鸟看起来焦急，而阿白和丽丽表示关切。

场景绘制效果如图 8-30 所示。

图 8-29　AI 绘制阿白和丽丽相遇的场景

图 8-30　AI 绘制发现被困小鸟的场景

（4）第四个场景：阿白和丽丽合作制作救援工具

提示词：

展示它们如何协作，例如阿白找来材料，丽丽帮忙搭建简易的救援工具。

场景绘制效果如图 8-31 所示。

图 8-31 AI 绘制合作搭建工具的场景

（5）第五个场景：成功救出小鸟并庆祝
提示词：

小鸟被成功救出后，三者在月光下欢庆，可以表现出一种轻松愉快的氛围。

场景绘制效果如图 8-32 所示。

图 8-32 AI 绘制脱险庆祝的场景

（6）第六个场景：结局时的友谊庆祝
提示词：

阿白和丽丽在月光之地快乐地玩耍，周围的动物们也加入其中，庆祝它们的
新友谊。

场景绘制效果如图 8-33 所示。

图 8-33　AI 绘制友谊庆祝的场景

8.5.2　AI 绘画在美术课堂上的应用

1. AI 应用于美术课堂的意义

AI 绘画应用到美术课上，可谓是得天独厚。AI 绘画在美术课上的应用创造出一系列新颖的教学方法和学习体验，可以帮助学生和教师以全新的方式探索艺术创作，增强课堂的互动性，提高学生的艺术创造力。具体来说，AI 与美术艺术可能碰撞出以下火花。

（1）启发创意

艺术是最需要创意的，AI 可以帮助教师和学生启发创作灵感，学生可以通过 AI 快速实现不同艺术风格的创作。

（2）技术学习与应用

在美术课上，学生不仅可以学习传统的绘画技巧，还可以学习如何使用 AI 工具来创作艺术作品。这包括如何优化 AI 指令生成图像，以及如何调整相关参数来获得期望的效果。

（3）批判性思维和分析

通过鉴赏 AI 艺术作品，学生可以锻炼批判性思维，如对比分析人类艺术品与 AI 艺术创作，让学生评价艺术作品的元素和构成，以及探讨 AI 绘画技术在艺术创作中的作用和影响。

2. 绘画案例

（1）围绕同一主题绘制多种风格的作品

以绘制不同风格的中国鼓楼为例，生成效果如图 8-34 所示。

水彩风格 写实风格

图 8-34 AI 绘制不同风格的图片

（2）基于儿童涂鸦绘制成熟作品

对于幼儿教育，AI 绘画可以协助教师把孩子们天马行空的涂鸦变成精美的画作。本案例使用的 AI 绘画工具是阿里巴巴旗下的 AI 绘画工具"通义万相"。

1）打开通义万相的官方网站（https://tongyi.aliyun.com/wanxiang/），注册并登录账户。

2）单击"应用广场"中的"涂鸦作画"应用，如图 8-35 所示。

图 8-35 通义万相的"涂鸦作画"应用

3）通过鼠标涂鸦（移动端可徒手涂鸦），或上传学生在纸上绘制的内容即可进行 AI 图片生成，如图 8-36 所示。

图 8-36　AI 生成涂鸦作画内容（通过涂鸦）

4）先在画板上涂鸦，然后输入匹配的文字描述以及选择合适的风格，也可进行 AI 图片生成，如图 8-37 所示。

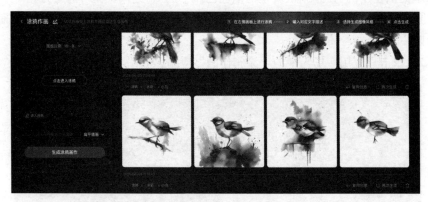

图 8-37　涂鸦作画（通过文字描述）

8.6　音乐家：AI 生成音乐在教育中的应用

AI 在教育中的应用跨越了多个领域。AI 生成音乐工具 Suno，不仅能够协助创作音乐，还能深化学生的学习体验，激发学生的创造力，以及加深学生对音乐理论的理解。AI 为教育工作者和学生提供了一个探索音乐创作的新途径。人人都是"音乐家"的时代来了，如图 8-38 所示。

图 8-38　AI 与音乐

　　AI 生成音乐技术的应用不仅限于增加音乐课的趣味性，更重要的是，它还可以作为一个功能强大的教学工具，实现跨学科融合应用。本节我们将一起探索 AI 生成音乐在多学科中的应用案例，如在语言学习方面，利用 AI 快速生成英文歌曲，或根据语文中的古诗、文言文生成歌曲等。

8.6.1　AI 生成音乐激活语言学习

　　在当前全球化的教育背景下，语言学习是学生教育的一个重要组成部分。例如，英语是我国从基础教育阶段就开始普及学习的语言，但是生活在一个以中文为母语的环境中，英语学习对不少学生来说有一定困难。利用 AI 生成音乐（如Suno），可以为语言学习带来全新的体验。比如教师可以利用 AI 将英语短文转换成音乐并唱出来，这样能方便学生记忆。下面我们将探讨 AI 在语言学习中的具体应用，展示如何通过结合音乐和语言，提升学生的语言技能水平和文化理解程度。

　　下面以一则英文短文为例，使用 AI 工具生成一段音乐。

　　1）进入 Suno 官网（https://suno.com/）注册并登录账户。此 AI 工具可以帮助我们生成歌曲，界面如图 8-39 所示。

　　2）把英语短文复制到"歌词"框内，并选择合适的风格，单击"创造"，如图 8-40 所示。

　　英语短文：

　　Courage is not the absence of fear, but the triumph over it. It's the brave decision to stand up for what is right, even when it's difficult. Courage means stepping out of your comfort zone to face challenges head-on. It allows us to grow, taking risks to pursue our dreams and confront new experiences. Whether it's speaking out against injustice or trying something new, courage is a vital part of personal growth and success. True courage involves making decisions that align with one's values, regardless of the potential risks involved.

图 8-39 Suno 界面

图 8-40 Suno 生成音乐

3）等待音乐生成。

扫描下面二维码体验 AI 歌曲的效果。

8.6.2 AI 生成古诗 / 文言文音乐

AI 生成音乐可以为学习古诗文和文言文带来新的方式。通过将传统文化与现代技术相结合，教师能够给学生提供一个更加吸引人、更具互动性的学习环境。

通过 AI 生成音乐，教师可以将古诗文转换为歌曲，帮助学生以全新的视角理解诗歌的韵律和节奏，使古老的文字变得生动有趣。例如，通过将曹操的《短歌行》转换为歌曲，学生可以在音乐中体会诗中的情感和意境。另外，音乐可以帮助学生增强记忆力，通过歌曲形式表达古诗文内容，可以帮助学生更好地记忆诗句和文言文。此外，通过 AI 技术创作的音乐可以融入传统乐器（如琵琶、古筝）的音色，不仅增加了学习的趣味性，还增强了学生对中国传统文化的认同和欣赏。这种方法不仅能激发学生的创造力，还能增强他们的参与感和学习动力，同时也有利于中国古典文学和文化的传承。

AI 生成古诗 / 文言文音乐的方式与 8.6.1 节相同，教师只需要把古诗 / 文言文输入"歌词"框内，再选择合适的音乐类型，就可以生成歌曲。曹操《短歌行》的音乐案例，可以通过扫描二维码体验。

8.7 历史侦探：AI 在历史学科中的应用

本节我们将一起探索 AI 在历史学科上的革新应用，如通过 AI Agent 扮演历史人物，以增强教学的互动性，优化学生的学习体验，如图 8-41 所示。

AI 不仅能重现历史人物的形象，还能模拟他们的语言和语气，使得这些人物在课堂上"复活"，与学生或教师直接对话。教师也可使用 AI 技术让历史人物图片"开口说话"，增加课堂趣味性等。

图 8-41 AI 在历史学科中的应用

8.7.1 AI Agent 扮演历史人物

在很多 AI 大模型平台上，我们可以看到官方制作了很多 AI Agent 以方便用户使用，其中不乏与历史人物相关的 AI Agent，即让 AI 扮演相关的历史人物和学生进行交流。

通义星尘里面就有很多历史人物 AI Agent，如刘备、王阳明、爱因斯坦等，如图 8-42 所示。打开通义星尘，我们就可以直接体验与这些人物对话的感觉了，官方网站为 https://xingchen.aliyun.com/xingchen/roles。

图 8-42 通义星尘的 AI 人物

接下来，我们一起和爱因斯坦以及刘备的 AI 人物进行对话，对话内容如图 8-43、图 8-44 所示。

如果在通义星尘中没有找到合适的历史 AI 角色怎么办？平台也提供了自定义历史 AI 角色的功能，下面是具体操作方式。

1）在通义星尘界面中单击"创建角色"按钮，如图 8-45 所示。

2）填写角色相关信息，如图 8-46 所示。

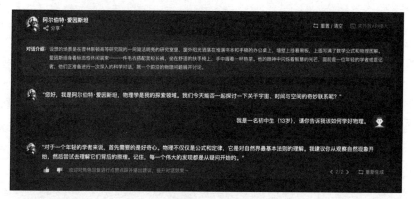

图 8-43　与爱因斯坦的 AI 人物对话

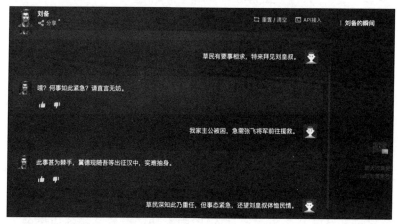

图 8-44　与刘备的 AI 人物对话

图 8-45　通义星尘"创建角色"

图 8-46 填写角色相关信息

- ❑ 人设：可设置名称、头像、详细信息、聊天开场白等（根据输入框的提示语进行填写）。
- ❑ 记忆：AI 在聊天过程中的上下文记忆能力，如记忆 100 轮对话。
- ❑ 知识：可以上传角色相关的资料，以让 AI 更符合人物特点。
- ❑ 技能：可以制定角色能力，如生成图片。
- ❑ 模型：根据官方提供的选项进行选择。
- ❑ 发布：完成上述配置后，单击"发布"即可。

8.7.2　历史名人图片"开口说话"

每个学科都有学科名人，通过 AI 的强大功能，各学科的历史名人能以数字人的方式"复活"，在课堂上与学生互动。这种交互方式不仅增加了学习的趣味性，激发了学生的学习兴趣，还加深了学生对学科内容的理解。例如，物理课选择与爱因斯坦对话，语文课选择与李白对话，历史课选择与古代帝王对话等。本节将探索这一技术的具体操作流程，并展示如何在教学中实施这种互动。

用 AI 工具让历史名人图片"说话"，关键在于数字人功能。支持这一功能的 AI 工具有腾讯智影、万兴播爆、美册 App、DID 等。下面以腾讯智影为例，演示具体操作。

1）选择一张历史名人图片。选择照片的时候，尽量选择五官清晰、表情舒缓的正面人脸照片，如图 8-47 所示。

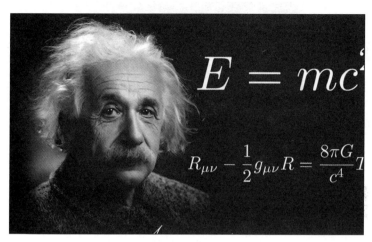

图 8-47　爱因斯坦照片（来源于网络）

2）登录腾讯智影平台：https://zenvideo.qq.com/。

3）进入腾讯智影，选择"数字人播报"模块，如图 8-48 所示。

图 8-48　腾讯智影界面

4）输入历史人物的说话内容，并选择合适的音色，之后单击"合成视频"即可，如图 8-49 所示。现在，我们就能看到历史人物图片"开口说话"了。

图 8-49　腾讯智影的数字人说话

8.8　程序开发者：AI 辅助编程教学

传统的编程教学依赖于静态教材和通用教学计划，缺乏个性化和即时更新的资源，使得学生在学习的复杂编程概念时面临挑战。引入 AI 大模型后，编程教学将转变为一个动态、互动和高度个性化的过程，如图 8-50 所示。

图 8-50　大模型辅助编程教学

AI 能够实时生成教学内容和代码示例，根据学生反馈调整教学策略，并提供个性化的练习和实时的问题解决方案。这不仅提高了学习效率和教学质量，还增强了学生的学习动力和深度理解能力，极大地丰富了学生的学习体验。在本节中，我们将探索大模型技术，如文心一言、Kimi、通义灵码等大模型应用软件对编程教学的影响。

8.8.1　AI变革编程教学

大模型出现之前，编程一直是一个门槛较高的领域，特别是对于没有计算机科学背景的人来说，原因包括以下几个方面。

☐ 编程不仅要求开发者拥有强大的逻辑思维能力，还要求他们对复杂概念（如算法和数据结构）有深入的理解。初学者在开始编程时常常面临"陡峭"的学习曲线，需要通过大量的实践和错误修正来掌握编程技能。

☐ 调试和优化代码也是编程学习过程中一个重要而困难的环节，有效地发现并修复代码中的错误需要丰富的经验和足够的技术洞察力。

☐ 技术的快速迭代要求开发者持续学习新的编程语言和工具，以适应不断变化的技术需求。

综上所述，一个熟练掌握编程技术的高才生更容易得到互联网公司的青睐。

但是大模型出现之后，很多基础的编程工作可以由大模型协助完成。在GPT-4的演示视频中，用户只需绘制网站框架并上传给大模型，大模型就可以快速编程制作出一个网站来，效率直接"碾压"人类程序员，这势必引起高校编程专业的变革，以适应时代的发展。图8-51是阿里的通义灵码智能助手（https://tongyi.aliyun.com/lingma/），可以协助程序员编程。

图8-51　通义灵码

大模型在编程方面可以执行以下任务。

☐ 代码生成：大模型可以根据用户的指令描述自动生成代码，还可以指定编程语言。

❑ 代码补全和修复：大模型能够提供代码补全建议，帮助开发者快速完成编码任务。此外，它还能识别代码中的错误或缺陷，并提供修复建议，这极大地提高了开发效率和代码质量。

❑ 代码解释和文档编写：大模型能够解释复杂的代码逻辑，并生成相应的文档或注释。这对于增强代码的可读性和可维护性非常有帮助，尤其是在处理遗留代码或开发大型项目时。

8.8.2 AI 辅助编程教学的案例

基于大模型的编程能力，在编程教学过程中，大模型可以帮助教师备课、帮助学生修改程序错误、模拟个性化编程练习等。

下面以学习 Python 的多分支语句为例，我们使用大模型进行编程课程的备课工作。

指令 1：

你是一名初中编程教师，现在要教学生学习 Python 中的多分支语句，请你给出合适的情景案例，方便教学使用。

大模型的回答：

情景案例：校园活动选择助手

背景说明：

假设学校举办了多项活动，包括体育、艺术、科学和文学活动。学生可以根据自己的兴趣选择参加其中的一项。我们将创建一个程序，帮助学生根据他们的兴趣选择合适的活动。

程序目的：

开发一个 Python 程序，使用多分支语句来判断学生的兴趣，并推荐相应的活动。

大模型生成的代码如图 8-52 所示。

可以看出，虽然大模型给出了一个和学生生活相关的案例，但是对于学生心理和学情的分析还不到位，我们可以根据自己的教学进度，再次优化指令，让大模型生成合适的情景案例。

指令 2：

你是一名初中编程教师，现在要教学生学习 Python 中的多分支语句，学生已经学习了 random 库，对冒险游戏比较感兴趣，请你给出合适的情景案例，方便教学使用。

```python
# 获取学生的兴趣
interest = input("请输入你的兴趣（体育、艺术、科学、文学）: ")

# 多分支语句判断并输出推荐
if interest == "体育":
    print("你可以参加校园足球赛或篮球赛。")
elif interest == "艺术":
    print("你可以参加绘画或音乐工作坊。")
elif interest == "科学":
    print("你可以参加科学实验竞赛或天文观察会。")
elif interest == "文学":
    print("你可以参加诗歌创作或阅读俱乐部。")
else:
    print("未找到匹配的兴趣，请重新输入！")
```

图 8-52　大模型生成的代码

大模型的回答：

情景案例：魔法森林探险

游戏背景：

在一个充满神秘和未知的魔法森林中，玩家将扮演一名勇敢的探险家，寻找传说中的神秘宝藏。森林中有多条路径，每条路径都有不同的风险和奖励。

程序目的：

开发一个 Python 程序，让玩家在遇到不同的情景时做出选择，使用 random 库来增加事件的随机性，使用多分支语句处理玩家的决策。

大模型优化后的代码如图 8-53 所示。

从上述案例可以看出，只要指令具体，AI 就能生成适用且有趣的案例程序，方便教师优化课堂内容。此外，如果学生需要修复 bug、优化程序，或生成个性化的练习案例，AI 同样可以提供帮助。

```python
import random

# 游戏开始
print("欢迎来到魔法森林! 每条路都有不同的冒险等着你。")

# 随机生成遇到的场景
event = random.choice(['巨龙', '沼泽', '老巫婆', '宝箱'])

# 玩家做出选择
choice = input(f"你前方出现了{event}, 你会怎么做? (战斗/逃跑/交谈/打开): ")

# 多分支语句处理玩家的决策
if event == '巨龙':
    if choice == '战斗':
        print("你勇敢地战斗, 巨龙被你击败了! ")
    elif choice == '逃跑':
        print("你成功逃脱, 继续你的冒险。")
    else:
        print("巨龙发怒了, 将你一口吞掉, 游戏结束! ")

elif event == '沼泽':
    if choice == '逃跑':
        print("你没有逃脱成功, 陷入了沼泽。")
    else:
        print("你小心翼翼地通过了沼泽。")

elif event == '老巫婆':
    if choice == '交谈':
        print("巫婆给了你一张地图, 帮助你找到宝藏。")
    else:
        print("巫婆对你的无礼感到愤怒, 变成了乌鸦飞走了。")

elif event == '宝箱':
    if choice == '打开':
        print("宝箱里满是金币和宝石, 你发财了! ")
    else:
        print("宝箱是魔法陷阱, 你失去了前进的机会。")

# 结束语
print("感谢你参与魔法森林的冒险! ")
```

图 8-53 大模型优化后的代码

8.9 创新的火花: AI 融合跨学科项目

本节中, 我们将一起探讨 AI 如何推动不同学科间的融合, 创造全新的教学和学习体验, 如图 8-54 所示。我们将聚焦于 AI 如何跨越学科界限, 促进知识的融合与创新, 以及这种融合如何激发学生的创造力。

图 8-54　AI 在跨学科教学中的应用

8.9.1　AI 完成跨学科教学设计

我们首先探索 AI 如何帮助教师设计跨学科的课程，如语文、音乐和艺术相结合的教学项目。AI 可以分析不同学科的教学目标和内容，生成综合性的教学计划和材料，帮助学生从多角度理解复杂概念。

下面我们来看一个语文和英语的学科融合案例。

提示词：

你是一个语文教师，现在要写一份跨学科主题的教学案例，主题是四季，横跨英语和语文两门学科，请你写一份简单的教学设计。

大模型的回答：

教学设计案例

《四季》——语文与英语跨学科教学

教学目标

增强学生对四季变化的描述能力，能用中文和英文表达各季节的特点。

通过诗歌和故事理解四季变化对人类活动的影响。

提升学生的跨文化理解能力，通过比较中英文材料中的季节描述，掌握跨文化交流的技巧。

教学内容

语文部分：学习中国古典诗词中关于四季的表述，如《春晓》《夏日绝句》《秋夕》和《冬夜读书示子聿》。

英语部分：学习英语诗歌和文学中对四季的描述，如 Shakespeare 的《仲夏夜之梦》中的夏天描写，或 Robert Frost 的《 Stopping by Woods on a Snowy Evening 》中的冬季景象。

教学活动

活动一：四季词汇和表达学习

语文课：教师引导学生阅读并朗诵有关四季的中国古诗，分析诗中的季节意象和用词。

英语课：学生学习和朗读英文诗歌，关注和比较与四季相关的英文表达和诗意。

活动二：四季画册制作

学生用中英文制作关于四季的画册，每个季节配上一首中文诗和一首英文诗，旁边附上自己的绘画作品或拍摄的相关季节风景照。

画册制作过程中，学生需用双语写下每个季节的特征和自己的感受。

活动三：跨文化四季论坛

组织一次"四季跨文化交流论坛"，让学生展示自己的四季画册，并用中英文介绍四季对自己生活的影响。

讨论中西方文化中四季的不同象征意义和生活方式的差异。

评估方法

观察学生在诗歌朗读和论坛讨论中的表现，评估他们的语言使用和跨文化交流能力。

通过学生制作的四季画册来评估他们对四季主题的理解和创意表达能力。

教学反思

在活动结束后，教师应收集学生反馈，了解哪些活动最受学生欢迎，哪些需要改进。

教师也应反思跨学科教学方法的有效性，考虑如何进一步整合语文和英语教学资源，提高教学效果。

在大模型的帮助下，一份简要的跨学科教学设计就完成了。该教学设计方案还比较简单，我们可以继续优化指令，使 AI 生成的内容更加细致、丰富。具体的优化方式在第 4 章已经讲过，此处不再赘述。

8.9.2　AI 绘画融合多学科课堂

在现代教育中，AI 绘画技术正逐渐成为多学科课堂教学的一种创新工具。AI 绘画不仅能激发学生的创造力，还能通过跨学科融合，提升学生的综合素质。在美术课上，AI 绘画可以帮助学生理解不同的艺术风格和技法；在语文课上，通过提示词指令生成语文课本中的人物形象，学生能够更加直观地了解人物的特征；在科学课上，AI绘画可以用于呈现复杂的科学概念，使学生更容易掌握知识点。

　　通过将AI绘画融入多学科的教学中，不仅能提高课堂的互动性和趣味性，还能促进学生跨学科思维能力和创新能力的发展。

　　下面我们以历史与美术的融合课堂为例，进行案例演示。

　　案例背景：

　　在学习文艺复兴时期的欧洲历史时，教师可以利用AI绘画技术帮助学生重现这一时期的历史场景和著名艺术作品。通过AI绘画，学生可以观察到当时的建筑风格、服饰特点和重要历史事件。

　　例如，教师可以使用AI绘画软件生成文艺复兴时期的城市景观，让学生更加直观地感受那个时代的文化氛围。此外，学生还可以使用AI工具模仿达·芬奇、米开朗琪罗等大师的画作，从而更深入地理解这些艺术作品的历史背景和艺术手法。

　　教师提示词：

　　创建一个文艺复兴时期的详细而生动的城市景观。场景应包括鹅卵石街道、带有拱形窗户和阳台的精美石制建筑，以及热闹的市场广场，广场上有小贩和穿着当时服饰的市民。包括马车、街头表演者和华丽的喷泉等元素。背景应有如大教堂这样的历史地标，具有高耸的尖塔和圆顶，并衬以连绵起伏的山丘或河流。

　　AI绘画软件的生成效果如图8-55所示。

图8-55　AI生成欧洲文艺复兴时期的场景

学生提示词：

生成一幅文艺复兴时期的艺术画作，风格是达·芬奇的风格。

AI 绘画软件的生成效果如图 8-56 所示。

图 8-56 AI 生成的达·芬奇风格画作

融合教学的教学成效具体表现在以下几个方面：

❏ 显著加深学生对历史事件的理解，帮助学生形成持久记忆。

❏ 有效提高学生对艺术作品的鉴赏力和审美素养。

❏ 充分激发学生对历史学科和美术领域的浓厚兴趣。